森村進
Morimura Susumu

筑摩選書

法哲学講義

法哲学講義　目次

法哲学講義

はじめに

　私は自分の勤務する一橋大学で約二十年間にわたって「法哲学」と「法言語基礎論」という講義を担当してきましたが、後者の講義の内容も多くは法哲学の分野に属するものでした。法哲学という学問の領域と分野についてはは本文の序論に譲るので、詳しくはそこを参照してもらいますが、私の講義はその中でも、総論的法哲学のうち広い意味での「法概念論」と「正義論」と、各論的法哲学のいくつかのテーマ（人権、特に私的所有権の理論的基礎や家族制度を法定する意味など）を取り上げてきました。大ざっぱに言うと、「法哲学」では正義論と各論的問題を、「法言語基礎論」では法概念論とそれに隣接する「法と文学」などの学問領域を取り上げてきたのです。

　そのうち正義論の分野について、私は研究の成果をすでに数冊の書物にまとめて公刊しましたが、法概念論の分野では数編の論文を発表したにとどまります。そのため法概念論の講義では、いろいろな資料やレジュメを配布してきました。しかしそれでも聴講者の人たちに私が知ってもらいたいことが十分伝わらないのではないかという不安を感じざるをえませんでした。私が法概念論の分野で聴講者に伝えたいことの一部しか、上記の数編の論文には含まれていませんし、そもそもそれらの論文を図書館で探して読もうという熱心な学生はごく少数です。

別に私の書いたものを読まなくても、内容が新しくて読みやすい法哲学の概説書があれば、それを教科書か必読の参考書として指定すればよいのですが、残念なことに今の日本では、法哲学のすぐれた書物は数多く出版されているものの、そのほとんどが専門家か進んだ読者向きの研究書です。一般読者や大学の学部学生のための読みやすい概説書として無条件に薦めたくなるものはごくわずかしかありません。

ここで読書案内の意味を兼ねて、今世紀に出版された日本語の重要な書物から具体的に例をあげてみましょう。田中成明『現代法理学』（有斐閣、二〇一一年）は著者多年の広範な研究と教育の産物で、内容は法哲学のほとんどの分野をカバーしており、その論述も公正なので大変有益な本ですが、六〇〇頁近い分量はむしろ「体系書」というべきもので、概説書としては詳細すぎます。笹倉秀夫『法哲学講義』（東京大学出版会、二〇〇二年）は政治思想・社会思想と重なり合う部分の論述に特色があり、著者の実践的な問題意識を感じさせますが、最近の法概念論に関する記述は手薄です。またこれも五〇〇頁近い大著です。青井秀夫『法理学概説』（有斐閣、二〇〇七年）は実定法との関連を重視し、ドイツ語圏の法概念論と法解釈方法論を詳細に説明した本で、この点では類書がないようです。しかし六〇〇頁を超える分量を通読するには根気がいります。小林公『法哲学』（木鐸社、二〇〇九年）と亀本洋『法哲学』（成文堂、二〇一一年）はいずれも著者の深い独自の思索を開陳していますが、実態は論文集であって、概説書ではありません。他方、平野仁彦＝亀本洋＝服部高宏『法哲学』（有斐閣、二〇〇二年）と深田三徳＝濱真一郎（編）『よくわかる法哲学・法思想』（ミネルヴァ書房、二〇〇七年）は現代の法哲学で論じられるテーマの大部分を取り上げて、文章は平明で分量も手ごろなので、座右において参照するのには便利です。しかしいずれも分担執筆であるため、統一性の点では最初の三冊に比べてひけをとり、いわゆる「教科書」風で著者の個性が感じられないきらいもあります。レイモンド・ワックス『1冊でわかる　法哲学』（中山竜一ほか訳・岩波書店、二〇一一年、原書二〇〇六年）は簡潔な好著ですが、内容が圧縮されすぎ、また元来英米の読者を想定して書かれたため、訳者の努力にもかかわらず日本の読者にはぴんとこないところがあります。最後に中山竜一『ヒューマニティーズ　法学』（岩波書店、二〇〇九年）と長谷川晃＝角田猛之（編）『ブリッジブック法哲学（新版）』（信山社、二〇一四年）は読者を法哲学に導く入門書ですが、概説書にとって代わるものではありません。

私は今あげた書物の価値を過小評価するつもりは毛頭ありません。それどころか、読者の皆さんが図書館や書店でこれらの書物の現物を手に取ってみて、関心を持てそうなものを読まれることを希望します。私が言いたいのは単に、これらの本は法哲学の概説書として通読するという目的のためには最適でない、ということです。さらに言えば、上記の田中成明・青井秀夫・笹倉秀夫といった一九四〇年代生まれの大ベテラン以降、二十世紀後半生まれの日本の法哲学者で、法哲学の概説書を単独執筆している人は一人もいません。

そこで私は自分の講義のために使うだけでなく、広く一般読者に法哲学の現状を知ってもらうためにも、これまでの法哲学教育・研究の成果を一冊の概説書の形にまとめることにしました。

ただし法哲学の重要な一領域である正義論については、前述のようにすでに何冊かの書物を公刊しているので、本書では法概念論を中心にすることにしました。

本書は現代の法概念論で論じられているテーマの多くに言及しているという点では「概説」的ですが、その際に自分の見解を遠慮なく述べているという点ではそうでありません。実は私は本書を計画した当初は、教科書としての利用を想定してもっと中立的な論述をするつもりでしたが、実際に書き始めると、ついつい自説の開陳に重点を置いてしまいました。しかし言い訳をするようですが、私自身の読書経験からすると、穏健中立なバランスのとれた記述というものは事典などレファレンスブックの記事にはふさわしくても——だから私も事典の項目を担当するときは個性を出さないようにしています。無署名の場合はなおのことです——、そのテーマに対する関心をかきたてることは稀であるように思います。むしろ面白く、また気持ちよく読んで印象に残るのは、著者の主張が明確に——しかし対立する立場に対して公正に——打ち出されている文章でしょう。

私がそもそも法哲学に関心を持つようになったのも、恩師である碧海純一先生（この段落だけ「先生」と書きます）の『新版　法哲学概論（全訂版）』（弘文堂、一九七三年）を読んだからですが、これはそのような論述のスタイルだけでなく、取り上げられたテーマの点でも極めて著者の個性が発揮された本でした。私が文章を書く上でいつも明晰であることを心掛けているのは、生まれつきの性格のせいもありますが、碧海先生の影響によるところが決定的です。なお碧海先生の

『法哲学概論』はその後の改訂版も含めて、近年の学界の動向を取り入れていないため今では教科書や概説書として使うことはできませんが、現代の古典として読みつがれるべき独自の価値を持っています。

そういうわけで、結局本書も私の主張を前面に出す形になりました。しかしこのことは、本書のテーマではなくてもそれらに関する論述がしばしば議論の余地が多かったり一面的だったりする、ということを意味しています。従ってどうか読者の皆さんには、明らかな事実に関する記述の部分は別として、常に私の見解に対する批判的な態度をとって本書を読んでもらうようお願いします。また本書を授業の際に利用しようとする教師の方々には、本書のいくつもあるであろう難点及び不足点や、不本意ながら存在するかもしれない誤りをその際に指摘していただければ幸いです。

本書で取り扱ったテーマの大部分は現代の法哲学教科書のテーマと共通ですが、おそらく唯一の例外は、第2章で伝統的な中国と日本の法観念を西洋的法観念と比較した部分でしょう。内外を問わず今日の法哲学者の中には西洋法、それも近代国家の法しか法でないかのように考えている人が少なくないようですが、私が幸いこの視野狭窄を意識することができたのは、一橋大学の多年にわたる同僚に、比較法文化を研究している青木人志・王雲海の両教授がいたからです。しかし私の知識が西洋と極東以外の法、たとえばイスラム法やインド法にまで及んでいないことは進んで認めます。

それに対して第3章から第5章では、最近一世紀の法哲学界で特に重要な三人の欧米の理論家をそれぞれ検討しました。その際、各章の前半では各人の法理論を概観し、後半ではその中でも重要な特定のトピックを選んで深く掘り下げることにしました。この論述方法はそれぞれの法理論の含意と「肌触り」とでもいうべきものを知ってもらうために適切だと信じます。なお第1章から第5章までは法概念論として大きな意味で連続性があるので、この部分は続けて読んでもらえば幸いです。第6章の正義論は、私が従来の著作で詳しく書いてきた分野なので簡潔に叙述しました。第7章のメタ倫理学は、近年の動向に触れているという点に価値があると信じます。しかし法概念論と正義論に並ぶ法哲学の第三の主要領域である解釈方法論については、私の研究が不十分なので、第5章3と第7章4の中で触れるにとどめざるをえませんでした。

私が本書を書くにあたって念頭に置いていた手本は、ミネソタ大学教授ブライアン・ビックスの『法理学』（Brian Bix, *Jurisprudence: Theory and Context*, 6th edition, Sweet and Maxwell, 2012）です。同じ著者による『法理論辞典』（*A Dictionary of Legal Theory*, Oxford University Press, 2004）も、単独執筆で視点が統一されているので役に立ちました。英語の本を読むのが苦にならない篤学の読者にはこの二冊を勧めます。本書はビックスの『法理学』ほど広範ではありませんが、法哲学のもっとも重要な理論を平明率直な文章で検討するというビックスの目的を日本の読者向きに果たそうとしました。

また本書は各章の最後に「文献解題」を設けて、本文の中で言及したり引用したりした文献をあげてコメントを加えました。これによってさらに発展した読書に進んでもらいたいと期待します。コメントの中には、本文の中に取り入れにくかった考察もはいっています。このような注釈のつけ方はH・L・A・ハートの『法の概念』を模倣したものです。なお既存の邦訳を引用した部分で、文体上の理由から訳文をわずかに変えた個所があることをお断りします。

私はこれまで法哲学の分野で何冊かの本を出してきましたが、いずれも教科書あるいは概説書として書いたものではなかったので、本書を書いて教育者としての義務をようやく一応果たしたという満足感があります。本書執筆に至る過程で感謝したい人はたくさんいますが、ここでは個々人の名前を列挙することはせず、そのかわりに日本法哲学会と一橋大学という二つの団体をあげたいと思います。私は三十余年にわたって、日本法哲学会に属する人々との交流を通じて自分の研究を発展させてきましたし、日本法哲学会の学問的活動から多くの知見と示唆と刺激を受けてきました。また一橋大学には四半世紀にわたって、教育と研究のための理想的な環境を提供してもらっています。私は郷土とか民族といった共同体への所属というものをコミュニタリアンほど大切には思いませんが、この二つの団体は学者としての自分が一体化できる共同体です。両者がなかったら、今日の私はなかったでしょう。

最後になりますが、本書の執筆にあたっては筑摩書房編集部の北村善洋さんに大いにお世話になりました。北村さんの温かい励ましを受けてはじめて、本書は完成に至ったのです。

二〇一四年師走の東京にて

森村　進

序　論

法哲学とは何か？　なぜ学ぶのか？

1　学問の内容の多様さ

私は何の予備知識もない人から「法哲学とはどんな学問か？」と質問されたとき、「そんなことは一口では言えませんよ」などとはぐらかしたりせず（一口で言えない人は何口かけても言えないことが多い）、とりあえず「法と法学の諸問題を根本的・原理的なレベルにさかのぼって考察する学問です」と答えることにしている。この回答が間違いだという人はほとんどいないだろうが、それだけでは形式的すぎるから、多くの人はもっと詳細な説明を聞きたいだろう。大きなことを言うようだが、法学の他の領域と違って、法哲学は極めて広汎な領域にわたる学問で、本書ではそのごく一部を論ずるにすぎない。なぜそうなるのかを述べることによって、法哲学とはどういう学問であるのかを説明しよう。

法哲学（philosophy of law; Rechtsphilosophie; philosophie du droit. なお legal philosophy という言い方もあるが、あまり一般的ではない）の名で行われている授業、及びその名を冠した書物の内容は、講義の担当者や書物の著者によって大きく異なっている。この点が法学の大部分の分野との相違である。たとえば憲法の概説書ならば、著者がどのような立場に立っていても、必ず憲法の基本原理とか統治機構、人権の総論と各論といったテーマを取り扱っている。ところが法哲学の場合は複数の入門書や概説書の目次だけを読み比べても、その内容に共通するものがごく少ないということに気づくだろう。せいぜいのところ、〈法実証主義 legal positivism 対自然法論 natural law theory〉あるいは〈法と道徳の関係〉という法概念論のテーマと〈正義とは何か〉という法価値論の問題だけが、これらの書物に共通する論点だと言えるかもしれない――いや、私が大学生の時に読んで法哲学に関心を持つきっかけになった恩師碧海純一の『法哲学概論』など、この二つのテーマに言及だけはしても、どこでも正面から論じていなかった。そして私は自分以外の大学教師による法哲学の講義の内容をよく知っているわけではないが、いくつかの講義要項を見る限り、それらの間に共通の内容が少ないことは法哲学の教科書と変わらないようだ。

ではどうして法哲学の内容についてそれほど大きな相違があるのだろうか。その原因の一部は、民法とか刑法といった特定の分野に限定された実定法学諸分野と違って、法哲学は法と法学一般を対象にしている、ということにあるだろう。しかしそんなことを言えば、たとえば経済学が取り扱う対象は人間行動のほとんどあらゆる分野に及ぶが（オーストリア学派経済学を代表するミーゼスの主著は『ヒューマン・アクション』という）、それでも経済学の学界では問題領域とアプローチの方法、さらに業績評価の基準まで、事実上かなりのコンセンサスがあるように見える。科学史家のトマス・クーンは科学への規範的な方法が確立した学問を「通常科学 normal science」と呼んだが、法哲学はそのようなコンセンサスがあまり期待できない「異常科学」と呼べる。つまり法哲学者たちが議論を戦わせるべき共通の土俵というものが多くないのである。これは学問の進歩と発展にとって望ましい事態とは言えない。

ここで法哲学という学問の性質に戻ろう。法哲学を「法学」と「哲学」という異なった領域を持つ二つの学問分野が交錯する中間領域（あるいは境界未決定領域）で、法学の中核からも哲学の中核からも遠く離れた辺境でもあるかのように考えるのがよくある発想だが、それは適切でない。なぜなら「法哲学」の「法」はこの学問の研究対象であり、「哲学」は研究方法・アプローチだから、法学と哲学の二つは次元を異にする学問の特徴づけだからである。そこで法哲学の内容の多様さの主たる原因は、「法」という概念も「哲学」という概念も、ともにさまざまな異なった意味で用いられているという事情にある。

もっとも法概念の多様さの方はあまり憂慮すべきことではない。本書の以下の章で見るように、〈法とは何か〉という法概念論は、それ自体が法哲学の中心的なテーマになっていて、多くの重要な法理論を生みだしてきた。そして具体的にどのような制度が法であるかという外延については日常的にある程度共通の了解がある。もっともナチス支配時代のドイツに法が存在したと言えるかどうかを争う人もいるが、第4章で触れる「ハート＝フラー論争」はまさにこの問題を通じて法概念論を発展させてきた。だから法概念論は多様な法哲学者たちを分離させるのではなくて、逆に議論を通じて結びつけるテーマである。

それに対して、〈哲学とは何か〉については哲学者たちの間にもっと根本的な見解の相違があるが、こちらの相違は哲学者たちを結びつけるのではなく、逆に相互を疎遠にするものである。

哲学の典型として、たとえばアリストテレスの論じたような存在論を考える人、デカルトが問題にしたような認識論を考える人、〈人生いかに生きるべきか〉という倫理を論ずる人、あるいは世界史の発展法則に関心を持つ人もいる。前に挙げた私の恩師の碧海純一は、科学の方法論が哲学だと考えていた。また哲学的思考としては、経験を離れた形而上学的思弁をいうこともあれば、事物の本質に参入する直観をいうこともあり、論理学の法則に従った推論をいうこともあれば、最新の科学研究を利用した総合的な世界観の構築をいうこともある。さらに通俗的には、「哲学」という言葉で個々人の人生観・世界観を意味することも多い。

だが私はここで〈哲学とは何か〉という問題への多様な解答を一々検討するつもりはなくて、自分が考えるあるべき哲学像を述べるだけにしておく。私のいう哲学とは、信念や理論の根底にある、たいてい整理されておらずしばしば意識されていない前提や原理にまで遡って、われわれの思考を明晰化し、冷静な議論を通じて検討し、できれば改善を加える知的活動である。従ってそれは単なる個人の世界観にとどまることなく、客観的な合理性を持つか、少なくともそれを目指すものでなければならない。

もっとも実際に哲学の名で通用していることがすべてそうだというわけではない。むしろ逆に、世間で——そして学界でさえ——哲学者として通っている人の中には、始めから他人との議論を受け付けないような独りよがりの文章を書く者も少なくない。そして哲学愛好者の中には、そういった著作や発言をありがたがる人も多い。しかしそれは私が求める哲学ではない。哲学文献の中には、われわれがぼんやりと感じていたにすぎないことを明確化して、霧が晴れたような思いをさせ、さらにその上に積極的に思考の手掛かりを与えてくれるようなものもある。またそれまで考えたこともなかったが指摘されれば納得せざるをえないような新しい観点を開くものもある。それこそが私が哲学に求めるものである。その反対に、いたずらに曖昧な言葉を操って合理的な議論や批判を許さない独善的な思索や禅問答にふけるような「哲学」には関心がない。

2　法哲学の総論と各論

私は今述べたような哲学観を基礎にして法哲学を理解するが、それは総論的法哲学と各論的法哲学に大きく分けることができる。総論とは、場所や時代を特定せず法一般に共通する問題を論ずるものであり、各論とは、現代の日本法とかアメリカ法といった特定の法秩序、あるいは憲法とか契約法、刑法といった特定の法領域の基本的な問題（たとえば〈権力分立制度は民主主義と矛盾しないか〉とか〈ある種の約束を「契約」として法的に強制することの理由は何か〉、〈刑事責任は「自由意志」を前提しているか〉）を哲学的に検討するものである。ただし法哲学の各論は当該の法領域の専門家が研究する領域だが、総論は普通、法哲学者以外にはあまり論ずる人がいないので、法哲学のいっそう中心的な領域と言える。本書が取り扱うのも、総論の部分である。そしてそれは次の三分野に分けられるのが普通である。

（1）法・義務・権利・規範といった、法的概念の分析と解明

（2）法的議論の合理性や法解釈の客観性を扱う法学方法論

（3）法に関する価値的評価を行う法価値論（法的価値の中でも正義が代表的なものなので、「正義論」と呼ばれることも多い）

このうち（1）と（2）は法学独自の問題を取り扱っているが、（3）は政治哲学や倫理学とも重なる領域である。法は少なくとも文明社会の歴史とともに大昔から存在した。専門的な法学もすでに紀元前の共和制ローマで発達していたが、近代以前の法学はもっぱら個別具体的な問題の解決に重点がある法解釈学（dogmatics「法教義学」という表現もあるが一般的ではない）であり、一般的な理論を展開することは多くなかった。そのため（1）と（2）の分野がそれ自体として本格的かつ自覚的に論じられるようになったのは、十九世紀のヨーロッパになってからだと言っても過言ではない。それに対して（3）の正義論ははるかに古く、古代ギリシアや中国の諸子百家時代以来の歴史がある。日本ではこの領域は最近マイケル・サンデルのハーヴァード哲学講義「正義」でにわかに一般の関心を集めるようになったが、日本の学界では政治学者よりもむしろ法哲学者の方がこの分野で研究を行ってきた。

ところで少々専門的になるが、倫理学は実質的な価値判断を行う規範倫理学（normative ethics）と価値判断や道徳的概念の性質・身分を検討するメタ倫理学（metaethics）に分かれる。そし

て規範倫理学をさらに一般理論と応用倫理学（applied ethics）に分けることもある。倫理学のこの三分野を例をあげて説明すると、嘘をつくことはなぜ、そしてどの程度悪いことなのか、あるいはそもそも悪いことなのかを論ずるのが規範倫理学の一般理論であり、医療の場で、ビジネスの場で、あるいは日常生活の中で、嘘をつくことが許される場合があるかどうかを考えるのが応用倫理学である。そして「嘘をついてはならない」という道徳的判断は客観的な事態を述べているのか（それも、経験的な事実に還元できる事態なのか、あるいは数学の命題のような真理なのか）、それとも発言者の感情の表現にすぎないのか、といった問題を取り上げるのがメタ倫理学である。

この区分に対応して、法価値論も規範理論とメタ理論に二分することができるし、さらに規範的法理論のうち、一般理論は法哲学の総論、応用分野は法哲学各論に属するとも言える。だがメタ法価値論は（2）の法学方法論の一部をなすから、狭義の（3）の法価値論は規範的法価値論だけだと言えよう。——だが今はそんな分類はどうでもよい。メタ価値論と規範的価値論は別個の問題だが決して無縁だというわけではないから、両者を法価値論あるいは正義論という名称の下で論ずるのは適切である。

3　法哲学を学ぶ意味

憲法学とか民法学といった法解釈学の諸分野とは別に法哲学を学ぶ意味はどこにあるのだろうか？　その理由としていくつかのものが考えられる。

第一に、法解釈学はもっぱら自分たちの生きている社会の法を対象として、それを内的視点から考察するのに対して、法哲学は外国法や過去の法も含む多様な法制度・法的観念・法的実践を外的視点から考察して、実務家よりも、また一般人よりも、広い視野から見ることができる（「内的視点・外的視点」については、第4章のハート法理論の説明を見よ）。法律家はむろんのこと、現代の民主主義国家においては一般の人々も法を内的視点から見ることが多いが、これらの人々にとっても外的視点は有益である。なぜなら自分たちの社会以外の法のあり方を知ることは、法の多様性・可能性を実感させてくれるからである。自分たちの社会の法について、それを絶対視せず冷静に見るためには外的視点が必要である。

さらに法というものは、たとえばゲームのルールとは違って、それを受け入れようとしない人々をも強制的に従わせようとする（そして多くの場合それに成功している）規範なのだから、物理的にはその社会の中に生きていながら外的視点をとる人々も軽視してはならない。

第二に、法哲学の知見は内的視点をとる場合にも役に立つ。法哲学は法的概念の分析や法的推論の明晰化を通じて法の領域における思考と議論の改善に役立つ。また（法実証主義をめぐる議論の中で争われているが）法の中にはしばしば公的な価値判断が取り込まれているのだから、正義論は法律家をはじめとする内的視点をとる人々にとっても有用である。現実の社会の中には、法律の条文では明示的にカバーされていないというだけでなく、これまでの判例でも前例でも学説でも取り扱われていないような法的問題が生ずるが（そして社会の変化が急速になればなるほど、そのような問題は頻繁に生ずるだろう）、それを解決するためには、法制度の基礎にある、あるいはその中に遍在している、と想定される原理や価値を探るという、法哲学の思考様式が欠かせないからである。

法哲学はこのようにして法の解釈と実践に寄与する能力を持っている。そのせいか、諸外国では同一の法学者が法哲学も（特定の分野の）法解釈学も研究したり教育したりすることが多い。この点日本では法学内部の分野間の壁が高くて、法哲学と法解釈学の交流はどちらかというと例外にとどまるが、これは残念なことである。

しかし付け加えておかねばならないが、法解釈学に対する法哲学の寄与にはおのずから限界がある。法的判断においては、理論よりも「バランス感覚」や「健全な常識」や「市民感覚」や「国民感情」が重要だと言われることがよくある。あるいはフリードリヒ・ハイエクのように、コモン・ローや慣習法は、社会の中で人々が共有している確立した慣習や実践を体現するものだと言う人もいる。ハイエクによれば、そのようなルールをあえて言葉の形で明示化することは「実際によく知られていることの不適切で部分的な表現以上のものになることは稀であろう。……明文化されたルールは、そのことによって明文化されていないものに全面的に取って代わるのではなく、まだ明文化されていないルールの枠内でのみ機能するし、理解可能なのである」。

かりにそうだとすると、法哲学は必ずしも法解釈学のような要請に応ずるものではない。なぜなら哲学はラディカル（根源的）な問いかけをして、人々が当然視して疑わない前提や常識的見解を批判的な検討に付するとともに、理論的な徹底性・統一性を重視するために、しばしば非常識な、あるいは偏った議論に至ることがあるからである。哲学の観点からは、一般の人々の間で受けはよいが根拠が薄弱で内容が曖昧な見解よりも、説得力は乏しいが一つの重要な洞察を徹底させた理論の方がよほど価値ある貢献だ、ということもある。しかし法的議論をも含む日々の実践的判断では、理論的徹底性よりも最終的な説得力を持つ結論の方が「落とし所」として適切だろう。また法的判断は法哲学が求めるよりも浅いレベルの説得・正当化で構わない、いやむしろ深いレベルに立ち入らない方がコンセンサスを得られるからよい、という考え方もある（キャス・サンスティーンのいう「司法ミニマリズム」）。法哲学は必ずしも法の実践のために役立つとは限らない。

ここまでは、法哲学が法に対する外的視点と内的視点の両方をとることによって法解釈をはじめとする実践的活動の役に立ちうるということを述べたが、学問の価値は決してそのような実践上の有用さにとどまるものではない。他の多くの学問と同じく、実践的な関心から離れた純粋に知的認識を求める観点から、社会的・歴史的・文化的現象として法を見ることもできる。そのときも法哲学は尽きない興味を持つ。法はいかなる人間社会にも存在する現象であり制度だからである。法の哲学的研究は、法一般あるいは自分の生きている社会で通用している法に対してどんな態度をとるにせよ、知的探求として否定できない意義を持っている。法学者や実務家の中には法哲学に対して法の実践への寄与だけを求め、「役に立たない」理論を軽視する人もいるが、法哲学者が必ずその期待に応えなければならない義務はない。

文献解題

今日の日本の大学で開講されている法哲学関係の科目の名称や内容については、

・**『法哲学年報2006　法哲学と法学教育——ロースクール時代の中で』有斐閣、二〇〇七年**の諸論説、特に北村隆憲「法科大学院及び法学部における法哲学関連科目に関する実態調査の概要」が詳しい。

成文法よりも慣習法を重視し尊重するハイエクの見解は、

・**ハイエク［1987］『ハイエク全集8　法と立法と自由Ⅰ——ルールと秩序』（矢島鈞次・水吉俊彦訳）春秋社**

に見られる（引用は一〇二頁から）。ハイエクに関する研究書は日本語で読めるものに限ってもたくさん出ているが、法理論に焦点を当てたものは、

・**嶋津格［1985］『自生的秩序——ハイエクの法理論とその基礎』木鐸社**

だけである。

「司法ミニマリズム」については、

・キャス・サンスティーン［2012］『熟議が壊れるとき——民主政と憲法解釈の統治理論』（那須耕介編・監訳）勁草書房

の第3章と編者解説を参照。

第1章

法概念論は何を問題にしているのか

1　それは定義の問題なのか？

「法とは何か？」という法概念論の問題は法哲学の中で一番盛んに議論がなされてきた領域である。法哲学の諸理論を法実証主義と自然法論の二陣営に大別することが多いが、この分類はまさに法概念論上の見解の相違に基づいている。だが実際にはこの問題は単一の問題というよりも、「法と呼ばれるものは何か、またその顕著な性質は何か？」、「いかなるものを法と呼ぶべきか？」、「法はいかなるものであるべきか？」、「法は道徳や社会慣習とどこが違い、どこが似ているか？」「法は作られるものか、そこにあるものか、成るものか？」といった、法に対する複数の問題の複合体と考えた方が実態に即している。そして法概念論上の諸理論は現実にはそれらの問題のすべてではなく、一部だけに答えようとしてきたのである。

学問の方法論を抽象的に論ずることは無味乾燥で、しかもしばしばあまり意味がないが、最初に法概念論がそもそも何を論じているのかを整理しておくことは、以後の諸説の理解にも役立つだろう。

上記の法概念論の問いが実際は何を問うているのかについてはいくつもの解釈ができる。二十世紀後半に活躍して法哲学にとどまらず日本の法学者の多くに影響を与えた碧海純一は、この論争においては伝統的に、①事物説明、②記号説明、③定義という、三つの相互に関係するが異なった問題が混同されていることが多いと指摘した（碧海『新版　法哲学概論（全訂第二版補正版）』第二章。以下頁数は同書のもの）。この三つを私なりに敷衍して説明すると次のようになる。

第一の事物説明とは、世の中で「法」とか“law”と呼ばれている社会的な現象あるいは制度がいかなる特徴を持っているのかの説明である。その場合も、古今東西のあらゆる人類社会に存在したと考えられる「法」の特徴についての説明なのか、もっと限定して文明社会あるいは近代国家における「法」なのか、さらに狭くわれわれが生きている社会の法なのか、「法の支配」という概念における「法」のことを言っているのか、といったいくつもの可能性が考えられる。

第二の記号説明とは、人々は「法」とか“law”といった言葉＝記号をどう使っているのかというものである。たとえば人は国家（「国家」とは何かもまた問題だが）の存在しない部族社会の慣習を「法」と呼ぶだろうかとか、「法」という言葉は価値的に中立だろうか、それとも正の価値を含んでいるだろうか、といった問題である。あるいは、「法」と“law”と“Recht”とは同一の概念を指しているだろうか、という問題もここに入れられるだろう。大ざっぱに言えば、第一の事物説明が「事典」の与えるものであるのに対して、この記号説明は「辞典」の与えるものである。

第三の問題である定義は、「規約的定義」と呼んだ方が誤解の余地が少ない。それは「法」という言葉を、学問的議論においていかなる仕方で使うべきかという問題である。「法」という言葉は多様な仕方で使われるから、学問的に厳密な議論をするためにはその言葉を前もって厳密に定義する必要がある、というのが碧海の発想だった。自然科学上の概念はしばしば日常用語に起源を発するが、この理由から学界内部で改めて定義されてきた。たとえば「台風」とか「惑星」とか「アルカリ」といった概念がそうである。同様にして碧海は、法概念論とは「法」という言葉をそもそもどのように定義するのが法学研究上適当かという問題だ、と理解したわけである。

前二者の事物説明と記号説明は、事物と記号（言葉）に関する事実の記述だから、真であるか偽であるかのいずれかだったが（このことを論理学の用語を使って、「真理値 truth value を持つ」と表現する）、規約的定義は〈この言葉はこういう意味で使うことにしよう〉という提案あるいは約束事だから、真でも偽でもありえず真理値を持たず、その有用性によって評価されるべき主張である。

この三者は別のものだが、目的論上は相互に関係している、と碧海は言う。碧海によれば、まず定義と事物説明の関係を考えると、「定義においては、諸対象の持つ重要な諸特徴をきわだたせ、それらの特徴を持つ諸対象と、それを欠く諸対象との区別をできるだけ判然とさせるように、細心の注意が払われねばならない」（五〇頁）。もっとも何が「重要な諸特徴」で何がそうでないかは絶対的に決まっているわけではなく、認識目的に即して相対的に判断されるものである。そして定義と記号説明との間には、「日常用語を学術用語として再定義する場合、我々は従来の用語をできるだけ尊重しつつ、それを研究の道具として有効な用語にまで仕上げなければならない」（五一―五二頁）という関係があるとされる。

事物説明と記号説明と規約的定義という、碧海が提唱したこの三分法は確かに有用なものである。そして従来の法理論家の議論の中でこのような問題の自覚が乏しかったことも事実だろう。「「法とは何か」という問に対する正解は、いわば二つの変数の値に依存する関数であり、その場合、第一の関数は、我々が「法」という概念で把握しようとする客体的な事象の在りかたであり、第二の変数は、それを捉えるために我々がある程度主体的に選択すべき概念枠組である」（四三頁）という碧海の指摘も重要である。しかし碧海が当然のこととして想定しているように、法概念に関する昔からの論争が果たして「法」の規約的定義に関するものだったと考えるべきかは疑問である。もしそうだったら、法理論者たちはあまりにも法の現実のあり方や「法」という言葉の現実の用語法を重視していたということになろう。むしろ彼らが現実に法概念論において十分自覚せずに行ってきたのは、「法」という名で呼ばれる社会的な事実の特徴を明らかにすること（事物説明）で、そのために「法」という言葉の用語法（記号説明）が引き合いに出されることが多かった、というのが実態だったと思われる。

碧海は自然科学における専門用語の定義に引きずられて規約的定義に関心を集中させたのだろう。だがそれと違って、普通「法」という言葉は法学者の間でも一般人の間でも厳密に定義されずに、相互に関係するが多様な意味で使われてきた。その意味を解明し整理することは、法に対する人々の態度を明らかにすることになる。このような法的言語の意味論を軽視したり敵視したりする法哲学者もいるが（たとえば第5章で後述するドゥオーキンの「意味論の毒牙」批判）、「法」

の言語説明は決して単なる言葉上の問題ではない。なぜなら自然界の事物や現象とは違って、社会的事象について人が持っている観念の内容は、その言葉の用語法の中にある程度まで体現されているからである。碧海は上記の議論の中で、ある言葉の「記号説明」とその言葉が意味している事物の「事物説明」との間の相互関係については特に触れなかったが、法的現象については両者間には密接な関係がある。

台風のような自然現象や天体運動は、気象学者や天文学者や一般人が「台風」とか「惑星」といった言葉をどのように使おうが変わるわけではない。冥王星が「惑星」かどうかは言葉の問題であって、そう呼ぼうが呼ぶまいがその天体の性質は同じである。しかし法現象の中には、法的言語それ自体が含まれている。なぜなら人が「法」とか「権利」とか「責任」といった言葉をどのように使っているかは、法に対するその人の態度を体現しており、その態度自体が法の世界を構成する要素だからである。たとえば「法律は法律だ」と述べることによって法への服従を正当化したり要求したりする公務員と、外国や過去の法体系を研究している研究者が、自分の言及する「法」に対して取る態度は異なる。前者の公務員は法体系に参加してそれを内側から見ているのに対して、後者の研究者はそれを外側から観察している。両方とも「法」について間違った言語使用をしているわけではなく、いずれも法現象の重要な側面をとらえている。

法的言語の分析は法という社会現象の理解のための唯一の方法ではないが、そのために欠かせない方法である。法に関する言語使用はそれ自体として大きなテーマで、最近では「法言語学」

とか「法と言語 law and language」と呼ばれる法学の一分野を形成しつつあるくらいだが、それが法哲学、特に法概念論で重要なのは、用語法それ自体よりも、そこに発言者の法観念が現われているからである。ところが法概念論を碧海のように法の規約的定義の問題として考えると、法概念論の論点の多くは視野にはいってこないままである。

2　一応の解答

では法概念論は一体何を問題にしているのか？　それに対する私の答えはこうである。ある社会の中でも、人々が持っている法概念はおそらく少しずつ異なっているだろう。法学者、法律家、一般市民、それぞれの集団ごとに、また集団内部でも、人は法について別々のイメージを持っているだろう。まして社会が違えば、法概念の相違はもっと大きくなる。それどころか、〈実際に存在するのは法という一つの概念 concept ではなくて複数の多様な概念 concepts だけであって、それらに共通する法の本質を求めるのは見当はずれだ。法理論家がすべきなのは、それらの多様な法のそれぞれの個性を明らかにすることだ〉と主張する人もいる。確かに法制度・法文化の多様性を見失ってはならない。しかしそれにもかかわらず、「法」はたとえば"law"や"Recht"や"droit"の訳語として（たとえ完璧ではなくても）適切だと考えられている。実際たいていそれよりもよい日本語の言葉は見つからない。ハンムラビ法典も唐の律令も古代ローマ法も中世ゲルマン法もイギリスのコモン・ローも今日の日本法も国際法も国際商慣習も、すべて含むような法観念を現実に人々は共有しているのである。だからこそ、たとえば明治期の日本がヨーロッパの法制度を取り入れたように、歴史上多くの国が異なった文化を持つ法的先進国から法制度や法観念を――困難や摩擦を伴いながらも――継受してこれたのだろう。そのことは別に「法」には普遍的な本質があるという「本質主義 essentialism」（哲学や思想の世界では普通悪口として使われる）を意味しているわけではない。古今東西の多様な法観念の中には、それらすべてが持つ「本質」などないかもしれないが、大部分が共有している性質や、ヴィトゲンシュタインのいう「家族的類似 family resemblance」やアリストテレスの指摘したいわゆる「焦点的意味 focal meaning」ならばありそうだ。その漠然たる観念の内容を明確にすることによって、人々が無意識のうちに抱いている法観念を明晰な形に整理できる。おそらくそれが、哲学者が「概念分析 conceptual analysis」あるいは単に「分析」と呼んでいる作業の主たる内容をなしている。

『広辞苑』によれば「分析」とは「ある物事を分解して、それを成立させている成分・要素・側面を明らかにすること」だそうだが、実際には今の日本ではこの言葉はもっといい加減に使われていて、新聞では「分析する」という言葉は単に「推測する」、「結論を出す」といった意味で用いられていることが多い。それに対して「概念分析」とは、現代、特に二十世紀以降の英米のいわゆる「分析哲学 analytical philosophy」に特徴的な方法と言えるが、正面から説明されることが意外に少なく、わかったようでわかりにくい言葉である。「分析」とは、元来の意味では、ある概念をもっと単純な概念に分解することだから、たとえば「兄」を「年長の男のきょうだい」として説明することがその一例である。

しかし普通「概念分析」と言われているのはそんな単純な作業ではない。哲学における概念分析の典型のように考えられているギルバート・ライルの『心の概念』やハートの『法の概念』、あるいはJ・L・オースティンの『哲学論文集』に収められた諸論文（そして程度は低くなるがジョゼフ・ラズの『法体系の概念』）などから推測すると、概念分析とは、人々があまり自覚的な意識なしに使っている概念の内容を、自分の理論に合致するように天下り的に断定するのでなく、反対にその概念のさまざまな用法の入念な検討を通じて類型を区分し、明確化し、できれば適切な用法を提唱しようとする方法のようである。確かにこの方法はヨーロッパ大陸の哲学よりも現代英米の哲学で好んで使われているが、二十三世紀以上前のアリストテレスの形而上学や倫理学の著作もこのアプローチを実践していたのだから、西洋哲学の源流に遡るものでもある。

概念分析がそういう方法だとすると、その際現実の言語使用に着目するのは当然のことである。概念分析が「分析哲学」の中でも、特に第二次大戦直後活躍したオックスフォード大学のライルやJ・L・オースティン（法命令説を提唱した十九世紀イギリスの法実証主義者ジョン・オースティンとは別人）に代表される「日常言語学派 Ordinary language school」に結びつけられてきたのは理由のないことではない。ハートもオックスフォードでオースティンと共に研究会を持っただけでなく、彼の「言語行為論 speech act theory」の発想を自らの法理論の中に活用し、また法的発言の常識的な用語法を尊重したから、広い意味では日常言語学派の一員に含められる。

ところが、バートランド・ラッセルやカール・ポパーは哲学者の陥りやすい伝統的悪癖である曖昧模糊たる大言壮語を避けて哲学の思考と主張の明晰さを大切にしたために普通「分析哲学」の中に含まれるが、両者は共に日常言語学派に批判的だった。彼らによれば、日常言語学派の哲学者たちは哲学の本当の重要な問題から目をそらし、自分たちの間だけで通用している言葉の用語法を詮索しているにすぎない、というのである。そして特に晩年のポパーは、哲学者は事物や理論を論ずるべきであって、言葉の意味などを論ずることは有害無益だと繰り返し主張した。

ラッセルやポパーの批判には聞くべき点もある。確かにJ・L・オースティンの一部の論文など、日常言語学派の仕事の中には、あまり重要でない些細な表現の相違にこだわり、それだけでは論じ尽くせない論点を閑却して、哲学というよりも英語学の論文のように思われるものがある。しかし哲学者が日常言語の用語法に関心を示すこと自体は決して間違っていない。なぜなら前節1の最後に指摘したように、自然現象とは違い、法的観念をはじめとする人工的・社会的な観念や制度は、それらを構成したり表現したりする言語と独立に存在するものではなく、かえってそれらの言語自体が現実の一部だからである。

さらにこの法概念を手掛かりとして法制度や法現象の社会的・文化的・政治的な特徴——その中には、特定の法制度に特徴的なものもあれば、大部分の法制度に共通なものもあるだろう——

を明らかにすることも、法哲学の役割に含めてよい。

その際、「法」と呼ばれるものがすべて持っている最小限の特徴とか、法とそうでないものとを分かつはっきりとした基準とかいったものがあると想定する必要はない。そのような確固たる基準を見つけようとしても、それは多くの例外をいれざるをえないだろう。生物学者ならば「魚類」という概念を明確に定義して、クジラやイルカは一見魚によく似ていても本当は魚でないと断言できるが、それとは違って法理論家は別に「法」とそれ以外のものを区別する必要があるためにその基準を与えてくれるような法概念を求めているのではない。この事情は「法」以外のたくさんの概念についても同様である。たとえば「民族」という概念の内容は決して確定しているわけではないが、何が典型的に「民族」であり、何がそうでないかは多くの場合人々の判断が一致しており、そしてその用語法を手掛かりに人間社会の特徴が解明されてくるのである。

これはもっぱら社会に関する認識自体に価値があるという立場からの法概念論だった。しかし別の問題関心からの法概念論もありうる。たとえば「われわれが従うべき規範としての法は何か?」とか「何が正義にかなった規範としての法なのか?」といった(ちなみにこの二つの問いは同一ではない)、実践的な関心からの法概念論である。これは法律家や法解釈学者が問うことの多い問題だろう。

このような実践的な法概念論が重要であることを私は否定するつもりはない。しかし実践的な法概念と認識的・非実践的な法概念は別物である。前者は法に正義や正統性(legitimacy)を要請しているのに対して、後者は法の効力（validity; Geltung「妥当性」と訳されることもあるが、それは評価的な概念のように聞こえるので適切ではない）を問題にしているからである。実践的に従うべきでない法や不正な法も、社会的に効力を持っているならば存在する。そしてそのような法も十分検討に値するのだから、認識的な法概念を捨てる必要はない。そしてそれを論ずるべき学問として、法解釈学と区別される法哲学以上にふさわしい学問はない。一体法哲学以外のいかなる学問領域で、法というもの一般を脱道徳的に検討するだろうか？

しかし認識的法概念が有意義だということは、それだけを抽象的に主張しても説得力がない。その主張は、この概念が活用されて法現象についてのわれわれの理解を実際に豊かにし、解明してくれることを示して、初めて納得できる。以下の章はそれを試みる。

文献解題

「法の定義」に関する碧海の議論は、

・碧海純一［2000］『新版　法哲学概論（全訂第二版補正版）』弘文堂

（それ以前の版でも）の第2章に見られる。

それに対する本章の批評は、

・森村進［2001］「法概念論は何を問題にしているのか、またすべきなのか？」『変動期における法と国際関係　一橋大学法学部創立五十周年記念論文集』有斐閣
を利用している。

さまざまな社会ごとに異なった法概念が存在するのだから、何か単一の普遍的な法概念を探求することは無益だ、という発想は、たとえば、
・Tamanaha, Brian［2001］*A General Jurisprudence of Law and Society*, Oxford University Press.
に見られる。

日常言語学派の代表的な著作は、
・J・L・オースティン［1991］『オースティン哲学論文集』（坂本百大監訳）勁草書房
である。この論文集の中には、第４章で言及する言語行為論の論文も複数収録されている。

日常言語学派、もっと一般的には哲学における言葉の問題に対するポパーの遠慮のない批判は、たとえば、
・カール・ポパー［2004］『果てしなき探求――知的自伝　上・下』（森博訳）岩波現代文庫
の中で繰り返されている。

第2章

法実証主義とは何か

1　ホッブズは法実証主義者か、自然法論者か？

法概念論において自覚的に非・評価的な態度をとる立場は「法実証主義 **legal positivism**」と呼ばれ、「自然法論 **natural law theory**」と対比される。最初に常識的な説明をすると、法実証主義とは、法と道徳との間に必然的な関係がないという思想であり、自然法論は法と道徳（特に正義）との間に何らかの必然的な関係があるとする思想である。

しかし実際にはこの説明とは異なった——それどころか衝突する——仕方で両者の言葉を使う用語法も多くて、後述するようにそれには十分な理由がある。「自然法論」も「法実証主義」も極めて多義的な言葉である。その例をあげてみると、トマス・ホッブズは人によっては先駆的な法実証主義者と考えるが、彼を自然法論者と見る人も多い。また大塚滋は『説き語り　法実証主義』で、本当に法実証主義者と言えるのはハンス・ケルゼンだけで、ホッブズはおろか、通常法実証主義の代表的理論家と考えられているジェレミー・ベンサムもジョン・オースティンもH・L・A・ハートも自然法を受け入れているから法実証主義者ではないと主張している。

そのような見解の違いの一つの原因は、法実証主義と自然法論という一対の概念が、私が本書でするように法の概念に関する見解としてだけでなく、倫理学上の見解としても理解されることが多いという事情による。

たとえばホッブズは『リヴァイアサン』でも『イングランドのコモン・ローについての、哲学者と学生との間の対話』でも、「法」を主権者（ホッブズの時代のイギリスでは国王）の制定する法律と同視して、「法的理性」の表現だとされるコモン・ロー（判例法）も国王が裁判所に授権しているから法なのだと主張した。「真理ではなく、権威が法を作る。」これはかなり極端な法実証主義の立場のように思われる。ところがその一方、ホッブズは『リヴァイアサン』の第14・15章では、国家設立以前の自然状態でも人々を義務づけるとされる「自然法」を十九個も具体的にあげて、これらの自然法に関する学問こそが真の道徳哲学だと主張した。

ホッブズにおいてはこれらの自然法が、国家に従うべき理由として持ちだされるので、その限りで法実証主義と自然法論とが一見統合されているようにも見えるが、その議論にはかなり無理があるように思われる。なぜなら現実の国家法の中にはホッブズの言う自然法と衝突しかねないものも多いようだからである。しかしホッブズの法実証主義と自然法論の一見した矛盾はむしろ表面上のものにすぎないと解釈すべきだろう。なぜなら彼の法実証主義——それも、制定法主義——は法概念に関する主張だが、自然法に関する議論は道徳哲学上の主張だからである。彼の言う「自然法」は道徳的な原理である。ホッブズ自身『リヴァイアサン』15章末尾で言っている。「これらの理性の指示を、人びとは法という名で呼ぶのが常だが、それは適切でない。なぜなら、それらの指示は何が人びとの保全と防衛に役立つかについての結論あるいは定理なのだが、法とは、適切に言えば、権利によって他の人びとを支配する者の言葉だからである。」客観的な正しさを持つ道徳的規範を「自然法」と呼ぶのはよくある用語法だが、その存在を認めるからといって、法概念論における法実証主義をとることは矛盾していない。

また大塚がハートやベンサムを法実証主義者でないと主張するのは、彼が「法実証主義」の中にあまりにも多くの主張を読み込むからにすぎない。大塚にとってはケルゼンの法理論こそが真の法実証主義であって、ケルゼンと異なって少しでも法と道徳の間に関係を見出す主張は自然法論という疑いをかけられるのである。

2 「法実証主義」の多様性

ハートによる列挙

「法実証主義」という言葉が持ちうる多くの意味を整理したものとしては、ハートが『法の概念』の巻末注で行ったものがよく知られており、便利でもあるので、少し長くなるが引用する。

「「実証主義」という言葉は、現代の英米の文献においては、次にあげる主張の一つ以上を指し示すものとして用いられている。

（1）法は人間の命令 command であるということ。

（2）法と道徳、あるいは在る法と在るべき法との間には必然的な関連 necessary connection が存在しないということ。

（3）法的概念の分析またはその意味の研究は重要であって、それは法の歴史的な研究、社会学的な研究、あるいは道徳、社会的目的、機能などの観点からする批判的な評価とは（決して対立するわけではないが）区別しなければならない、ということ。

（4）法体系は「完結した論理的体系」であり、その体系内において、正しい判決は、あらかじめ定められた法のルールから論理的手段のみを用いることによって導き出されるということ。

（5）道徳的判断は、事実に関する陳述と異なり、合理的な論証や証拠、証明によっては下されえないということ（倫理学における「非認知主義」）。

ベンサムとオースティンは、（1）、（2）、（3）で言われている考え方を主張したのであり、（4）、（5）の考え方をしたのではない。ケルゼンは（2）、（3）、（5）で言われている考え方を主張し、（1）、（4）の考え方をしていない。（4）の主張はしばしば「分析法学者」がしたものとされているが、それは明らかに十分な根拠がない。」（ハート『法の概念』、二九三頁。わかりやすくするため、段落分けをした）

ハートが使っていない既存の用語も利用して簡明な名称を与えれば、（1）は「命令説」、（2）は「法と道徳の分離テーゼ」、（3）は「分析法理学」、（4）はドイツの法学から名前を拝借して「概念法学」、（5）はメタ倫理学の用語から「反実在論」と呼ぶことができる。ハートによるベンサムとオースティンとケルゼンの説の理解は正確だと思われるが、その解釈によれば、典型的な法実証主義者と目されるこの三人に共通の主張は（2）と（3）だけである。そしてハート自身もこの個所で明確に言ってはいないが、（2）と（3）を支持し（1）と（4）を斥けていたから、法実証主義に特徴的な主張はこの二つということになる（ハート自身は中でも（2）の分離テーゼを法実証主義の核心と考えて、批判に対してそれを擁護し、一方ドゥオーキンは（2）にも（3）にも（5）にも反対したが、彼らの議論については後述する）。

現代アメリカの法学者ブライアン・ビックスの『法理論辞典』の「法実証主義」の項目はその冒頭で、「法に関する道徳的に中立な記述的理論あるいは概念的議論は可能であり、そして価値がある」という主張だと解説しているが、これもハートの（2）と（3）の考え方を一つにまとめて簡潔に表現したものと解釈できる。

それに対して、（1）の法命令説は法実証主義の素朴な一ヴァージョンにすぎない。（4）の概念法学は法実証主義とは全然縁がない。そして（5）は法理論というよりもメタ倫理学の問題であって、ケルゼンの場合はその法理論と結びついていたが、法実証主義に必ず伴うものではない。

ハート自身は、法理論はメタ倫理学上の論争的理論から独立しているべきだと考えるためこの問題について特定の立場をとらないが、いずれにせよ倫理学における実在論も非実在論も法概念論における実証主義と両立しうる。

これに対して、自然法論者はほとんどが（1）と（2）と（5）の主張を斥けるが、（3）と（4）は必ず否定しなければならないということはないだろう。自然法論者も法概念の価値中立的分析を重要だと考えることはできる――実際にはこの主張をするのはたいてい法実証主義者だが。また法はどこにもギャップのないルールの体系だと考えることは、自然法論者のように制定法の中に明確に見出すことができない道徳的ルールをも考慮に入れるなら、むしろ不自然さが少なくなるように思える。

ところでハートはあげていないが、実際には「法実証主義」という言葉はこれら以外の意味で否定的に用いられることがある。たとえば、

（6）法（律）には、その内容を問わず必ず従うべきだという思想や、

（7）法は意図的に、いかなる目的のためにも、制定されるものであるという主張

がそうである。

第二次大戦後のドイツなどで、〈法実証主義のために、ナチス時代の法律家たちはナチスの悪法に唯々諾々と従ってしまった〉として法実証主義を非難して「自然法の再生」を説く論者は（6）の用語法をとった。また晩年に反合理主義あるいは「進化論的合理主義」の立場から「構

成的合理主義」を批判してやまなかったハイエクなどは〈法というものは本来誰の計画にもよらずに自生的に成長する秩序であって、意識的な立法によって望ましい社会的目標や政策を実現するなどということは不可能だ〉という論拠から、ケルゼンに代表される（とハイエクが考えた）法実証主義を批判したが、その際念頭に置かれていたのは（7）の考え方だった。

しかしこれらの用語法は適当でない。まず（6）について言うと、法実証主義者は（2）の分離テーゼをとるのだから、どんな法にも従うべき道徳的義務があるなどとは考えない。法的な義務と道徳的な義務は別物である。それどころか、法に従うべき道徳的義務が必ず存在するという主張は、むしろ法と道徳の不可分性を説く自然法論の方に親しむ思想である（だからといって、自然法論者がナチスの法への服従を説いたというわけではない。彼らの多くの見解は、ナチスの法は極めて反道徳的だからそもそも法ではない、というものだったのだろう）。次に（7）は、法実証主義者の一部の見解にすぎない。おそらくベンサムやケルゼンやプラグマティズム法学者たちは（7）のような見解を持っていただろうし、法学者に限らず現代の少なくない政治家や行政官や一般市民もハイエクが嘆いていたこのような「設計主義」的法律観を共有していて、それは確かに問題のあるものではあるが、（2）や（3）の主張が必ず（7）に結びつくわけでもない。意識的立法が意図された帰結を生みだすとは限らない、いやむしろ逆に失敗に至ることが多いだろう、という考え方は法概念論上の立場としての法実証主義と全く衝突しないのである。

結局本書で考える法実証主義とは（2）と（3）をとる立場ということになるが、最近はそれをさらに「包括的実証主義」あるいは「ソフトな実証主義」と「排他的実証主義」あるいは「ハードな実証主義」に二分することが多い。前者は〈法と道徳の間に必然的な関係はないが、特定の法体系が法規範の必要条件あるいは十分条件として、道徳的基準を取り入れることはありうる〉と主張する。後者はこれに対して、〈ある規範が法であるか否かを決める際に、道徳は十分条件にも必要条件にもなりえない〉という考え方である。両者の対立についてはハートの法実証主義を論ずる第4章でもっと詳しく見てみるが、最終的には〈何をもって「必然的な関係」とみなすか〉が両者を分かつものだろう。

「規範的法実証主義」

最近になって、法と道徳の分離というテーゼについて、これを今まで見たような記述的テーゼとしてではなく、規範的テーゼとして主張する「規範的法実証主義 normative legal positivism」あるいは「倫理的実証主義 ethical positivism の法理論」と呼ばれる見解が一部の法理論家によって提唱されている。「規範的法実証主義」とは、一般的には〈法と道徳との分離はよいことだ〉という思想だと説明できるが、この名称は実際にはもっと狭く限られた思想を表すために用いられている。

というのは第一に、規範的法実証主義者のいう「法」とは議会の制定法のことであって、実定法の中に普通含まれる慣習法や判例法はその中に含まれない。第二に、〈法と道徳との分離はよいことだ〉という主張を正当化する理由としてはいろいろなものがあって、〈道徳の内容は人によって千差万別だから、人々が法律よりも自分の信ずる道徳に従っていたら社会秩序が保てない〉（ホッブズやベンサムならそう言うだろう）とか、〈法解釈に道徳を持ち出すことは法的安定性を損なう〉とか、〈道徳の内容の中には、法的に強制されるべきでないものがたくさんある〉（法概念論ではなく刑罰思想の分野におけるハートならそう言うだろう）いったものも考えられるし、常識的にはこう言った理由の方がすぐ念頭に浮かぶのだが、今日の「規範的法実証主義者」と呼ばれる論者たちはそのような帰結主義的な理由に訴えかけずに、法律の制定過程が民主的だという、手続に関する理由によって立法の尊厳を提唱するからである。ある法律が民主的な手続を経て制定されたならばそれには正統性があるので、市民はたとえその法律の内容に反対していてもそれに従うべき義務を負う、というのである――ただし何が民主的な過程であるかについては、彼らの間でも意見が完全に一致しているわけではないが。彼らはかくしてアメリカなどで強力な司法審査の重視にも、また行政への広範な立法権限の授権にも、共に反対する。

この事情を考えると、規範的法実証主義はむしろ立法・司法・行政のありかたに関する「民主的立法尊重論」とでも呼んだ方が内容を適切に表現することになる。

規範的法実証主義に賛成するか否かは、前述の〈法実証主義対自然法論〉という法概念論上の見解の対立ではなくて、順法義務論という政治道徳上の見解の対立である。記述的な法概念論も規範的な順法義務論も、ともに法哲学の領域に属するが、両者は別の問題である。「法実証主義」という共通の言葉に誘われて、記述的法実証主義と規範的法実証主義を「あれかこれか」の代替的な見解と考えるべきではない。両者はそもそも次元が異なった見解なのだから、どちらか片方だけとることも、両方をとることも、どちらにも反対することも、すべて可能な立場である。たとえば規範的法実証主義者の代表者の一人であるトム・キャンベル（Tom Campbell）は記述的な法実証主義者でもある。

もっとも規範的法実証主義者をはじめとしてこの問題を論ずる人の一部は〈法概念論と順法義務論は区別できず、前者は後者を含む〉と考えている。だがたとえば過去の法体系のように現在の我々にとって順法義務が問題にならない法も多い――しかしそれを法学において検討することは有意義である――のだから、やはり両者は区別すべきである。是認あるいは非難の要素を含まない、評価的に中立な法概念が可能であり有益でもあるというのが、記述的法実証主義の中心的なテーゼである。

なおこのテーゼは、法に対する評価的な観点からの検討の意義や可能性を否定するものではない。それは単に、両者のアプローチは異なるもので、記述的あるいは分析的な法の検討は評価的な観点とは独立に意義があると言っているにすぎない（なお記述的アプローチと分析的アプローチも同じものではない。碧海の用語法を使えば、前者は事物説明にかかわり、後者は記号説明にかかわると言えるだろうが、いずれにせよ評価的ではない）。この主張に対して、おそらく法実証主義の批判者の中には、法に対する評価的あるいは道徳的観点から独立した純粋に記述的な観点などというものはありえない、と考えている人が多いのだろう。

3　東アジアの伝統的法概念と西洋的法概念

現代の法概念論では何らかのタイプの法実証主義をとる論者が多い。法哲学の領域で二十世紀のもっとも重要な書物と言えるハートの『法の概念』も、第4章で見るように法実証主義のいくつかのタイプを批判的に検討することによって彼自身の法実証主義のヴァージョンを提出した書物と解釈できる。その結果この本の中で自然法論はわきに追いやられ、最後の方で遅まきながら検討されるにとどまっていた。学界の状況がそのようなものだったからこそ、伝統的な自然法論ともまた違った立場から法実証主義の発想を根本から否定するドゥオーキンの議論が一九七〇年代以降激しい論争を引き起こしたのである。

しかしながら、法と法思想の歴史を顧みれば、古代ローマ、あるいはもっと遡ればギリシア以来、西洋の法観念はむしろ自然法論に親しむもので、法と道徳、特に正義との間に密接な関係が想定されていることが多く、法と道徳を画然と分ける法実証主義の発想は近代的なものである。これに対して、伝統的に中国と日本、特に前者では法実証主義的な法観念の方が有力で、西洋の自然法論的な法観念は近代以降次第に広まってきたとはいえ、法律家や法学者でない一般人の間ではいまだに定着していない。
西洋と東アジアの伝統的な法観念をヴェーバーのいう「理念型」として、あえて単純化して対比してみよう。東アジアの伝統的法観念は、私が大学の法学部に進学する前に漠然と持っていた法のイメージに近い（その一因は、私がそれまでに韓非子など古代中国の思想に親しんでいたからでもある）。ただし私は朝鮮の法文化について無知だから、東アジアの法観念に関する以下の記述は中国と日本を対象にしている。そして東アジア法文化の特色は中国で典型的に見受けられ、日本では中国ほど鮮明でないことが多い（むしろ院政から戦国時代に至る中世日本の法はかなり分権的であるという点で中世ヨーロッパに似ている）。

東アジアの法の概念

研究の一生を中国法制史研究に捧げた滋賀秀三は、日本法哲学会に招かれて行った報告「中国法文化の考察」の中で次のように述べている。これ以上すぐれた表現を望めないので、少し長くなるが引用しよう。

「ヨーロッパにおいて常に私法が法の根底・根幹をなして来たと見てよいのに対して、中国は古くから発達した長い文明の歴史を持ちながら、ついに自己の伝統のうちからは私法体系を産み出すことがなかった。中国において法といえば、一方には刑法であり、他方には官僚制的統治機構の組織法および行政的執務準則ならびにその違反に対する罰則などであった。しかもそれらが古い時代から高度の発展を遂げていた点において、恐らく世界史上他に例を見ないと思われる。その反面に、そこには私法理念が欠落していたと言わざるを得ないのである。

右と不可分の関係において、中国では法は専ら国家権力による成文制定法として現われて来る。ヨーロッパに見られるように、学説および判例という、国家権力自体からは大なり小なり離れた独立的地位にある法のエリート達の知性的な営みから産み出されるものが、法を創り出しかつ法を支えているという現象——このヨーロッパ法文化にとって中核的要素とも言うべきもの——が、中国には探しても殆んど見当たらない。ヨーロッパにおける法の歴史の半面は法学の歴史であったと言ってよいのに対して、中国法学史を人は有意義に講ずることができない。」（三八—三九頁）

滋賀の言うように、辛亥革命以前の中国、いやおそらくはそれ以後今日に至るまでの中国や明治維新以前の日本でも支配的だった法観念は〈国家が人民を支配するための手段〉というものだった。そしてその典型的な発想は、君主による賞罰を伴う強制的な命令だけを法とみなすものだった（なおここでは仏教でいう「法」は別物として、考慮しない）。

『礼記』「曲礼」の「礼は庶人に下らず、刑は大夫に上らず」という有名な文句はこの法観念を表現している。つまり支配階級（士大夫）は非強制的な道徳規範によって自らを律しなければならないが、庶民は刑罰を伴った法律によって支配しなければならないというのである。もっともこれは原則であって、実際には士大夫階級の人々にも刑罰が科せられることはあったし、庶民も礼と無縁ではなかっただろうが、ともかく原則的には、法とは支配階級から被治者に対して向けられた命令だった。

そのため法は結局、庶民に対して犯罪を禁止する刑事法である「律」と、支配のための統治機構を定めた行政法である「令」が中心である。特に刑法は精密に体系化されていた（中国の南北朝以来の法体系や日本の奈良・平安時代の法体系を「律令格式」というが、「格」は律令を修正する法例であり、「式」は律令の施行細則である）。中国や日本では西洋法と違い、私人間の権利義務関係を規律する私法は土地所有関係を別にすると周辺的なものにすぎず、この領域は大体民間の慣習に委ねられていた。

だが滋賀によると、

> 「西洋では法廷において採用されるということが実定慣習法の成生の大きな促進要因となったのであるが、中国にはそれがなかった。当事者が法廷で慣習法の存在を立証するなどという現象は絶えて見られない。私人の手による官憲の手によるとを問わず慣習法書が編纂されることもなかった。要するに中国には慣習法が実定性を持つに至るメカニズムがなかったの

である。言えることは、「情理」というものが慣習的な価値判断基準であった、そして「情理」概念のなかに世の慣わしに対する十分な目配りの要請がふくまれていたということだけである。」（五〇頁）

もっとも中国では、法を統治の手段としてどの程度用いるべきかという論点については大きな見解の相違があった。法が果たすべき役割を一番広く考えたのは、韓非子に代表される法家である。彼らの思想によれば、孔子や孟子のような儒家が君主の人格的な徳による徳治を主張するのは社会の現実に全然即していない。君主のすべてにそのような徳性を期待することは無理だし、それにそもそも大部分の人は徳を進んで身につけようなどとはしていない。人間は本来苦痛を避けて利益を求めるものだから、悪事を厳しく罰し、命令に従う者には賞を与えるという信賞必罰こそがとるべき政策である——。儒家をはじめとして、法家のこの主張に反対する論者は、刑罰と強制だけに頼る統治は人々に〈刑罰さえ免れれば何をしてもよい〉という有害な信念を植えつけてしまうから、やはり徳や礼による支配の方が望ましいと考えた。そして秦の時代には短期間法家の思想が採用されたが、次の漢朝以来、儒教が国家の正統イデオロギーとして採用されて、それは近代まで続いてきた。つまり強制的な法は統治にとって欠かせない手段ではあるが、それは徳や礼に比べると副次的な、いわば必要悪だという発想が主流だった。

今でも中国と韓国では儒教の伝統が日本よりはるかに強く生きている。それは法学者の間でもそうである。日本の法学者の中には日本が西洋的な法化社会になってしまったと言って嘆く人も少しはいる。しかし彼らも法に代わる儒教的徳治を提唱したりはしないようだ。ところが私がこれまで法哲学の国際学会に出席してきて認識したことだが、中国や韓国の法学者の中には西洋由来の個人主義の行き過ぎに反対して、共同体主義的な儒教の再評価を提唱する人が少なくない。

話を戻すと、法に関する法家と儒家との間のこの対立は、**法の果たすべき役割の評価**についてのものであって、〈法とは何か〉という**法の概念**に関するものではなかった。儒家は法家に比べると統治における法の意義を相対的に重視しなかったが、いずれの思想も法として典型的には刑法を考えていた。そして法と道徳と同一視せず、むしろそれを脱道徳的な支配の手段として考えていた。言いかえれば、「法」それ自体は道徳的に中立的な観念だったのである。この法概念は法家と儒家の間だけにとどまらない一般的なものだった。たとえば秦を滅ぼした劉邦は秦の煩雑な法体系に替えて、殺人と傷害と盗みだけを処罰する「法三章」の制度を実行して人心をとらえたが、ここでも「法」は刑法のことだった。

今の日本でもこのような法概念は根強く残っている。日本で法律家以外の人々が「法治国（家）」という言葉を使うとき、それは法家が理想としたであろうような、法律によって社会秩序がよく保たれている国のことを意味するのが普通である。そのため〈日本は法治国家だから反社会的な行動を野放しにしておいてはならない〉などと言われる。

ところが法学の世界では「法治国」はドイツ語の **Rechtsstaat** にあたる言葉で、〈法による行政〉が実現されていて市民の権利と自由が侵害されないという理想を表現している。そしてこの「法治国」はさらに「実質的法治国」と「形式的法治国」に二分されて、〈明治憲法は形式的法治国しか意味していなかったが日本国憲法は実質的法治国を要求している〉と言われたり、〈「法治国」は英語の「法の支配 **rule of law**」の理念とどの程度重なるか〉といった問題が論じられたりしてきたのだが、いずれにせよ、それは国家の権力を〈結果として正当化することにはなるが〉法によって制約するものと解されていた。これに対して伝統的な東洋の法治国の観念では、公務員が法に従うべき義務よりも、一般の国民の順法精神が重視されがちである。特に中国では今でも権力分立と司法権の独立という発想が受け入れられておらず、裁判所は共産党の支配下にあるから、西洋的な「法の支配」は目指すべき理想とは考えられていない。中国でいう「法治」とは「法の支配」というよりも「法による支配 **rule by law**」である。

日本の法学者は「法治国」とか「法治主義」という言葉が誤解されていると嘆くことがよくある。しかし彼らの態度は独善的である。日本で **Rechtsstaat** の訳語として「法治国（家）」という言葉が使われる前から、いや **Rechtsstaat** というドイツ語ができるよりもずっと前の古代中国から、「法治」という言葉は韓非子が提唱する意味で使われていたのだから、日本的な「法治国」の用語法の方がずっと由緒正しいものである。大切なことは法家的な意味での「法治国」・「法の支配」と西洋的な意味での「法治国」・「法の支配」が別物だと認識することであって、どちらかの用語法だけを押しつけることではない——西洋的な意味での法の支配こそが理想だと主張するだけなら構わないが。

ちなみに西洋でも法、特に刑事法の厳正な執行によって社会秩序を保つという発想は存在する。ただしそれを表現するためには「法の支配」や「法治国」ではなく「法と秩序 **law and order**」といった言葉が使われている。また刑法や行政法を典型とする法概念も存在する。たとえばこの発想は法実証主義者ジョン・オースティンの法命令説（**Command Theory**）に近いし、現代ではアメリカの法学者ローレンス・レッシグは社会をコントロールする方法として法と社会規範と経済（あるいは市場）と「アーキテクチャ」を区別したが、そこでいう「法」は主として刑法のことであって、財産法は「経済」の方に分類されるのだろう。

西洋の法の概念

古代ローマ以来、伝統的に西洋の法観念にあっては法と道徳が峻別されず、法の中に道徳的にプラスの要素が読みこまれる傾向があった。いくつかの主要なヨーロッパの言語を見ると、「法」にあたる単語が二種類あることが多い。ラテン語の“**ius**”と“**lex**”、ドイツ語の“**Recht**”と“**Gesetz**”、フランス語の“**droit**”と“**loi**”がその例である。これらの対の単語のうち、“**lex**”など後者の方は、自然法則を指すこともあるが、法的な意味では個々の成文法・法律を意味する。他方“**ius**”など前者はもっと多様な意味を持っている。それは①法一般や、②ドイツ法とか公法といった法体系を意味するが、その場合、制定法だけでなく慣習法や判例法も含んでいる。それはさらに③権利、および④正しさ（正義）という意味も持っている（"Recht"と"droit"はさらに「右」という意味とも結びつくが、その原因はわからない）。そのためこれらの意味の間に密接な関係があると感じられるのも当然である。たとえば〈法は権利を与えるものである〉とか〈法は権利義務関係から構成される〉、〈権利とは正当な要求のことである〉、〈法は正義を求めるものである〉、〈法は正義を体現している〉といった発想がそこから生まれる――というよりもむしろ、このような発想が"ius"系の言葉の用語法を生みだしたのだろう。

しばしばこのような「正しい法」は、実定法とは独立して存在する「自然法」として観念された。この発想は共和期ローマのキケロの『法律論（De Legibus）』やローマの法学者たちの中に見出されるし、中世ゲルマン法にも「よき古き法（gutes altes Recht）」という観念があって、裁判とはその「法を語る（Rechtssprechung）」ものだと考えられた。自然法は民族や国家を超えて普遍的に妥当すると考えられることが多い。

ところで有力なヨーロッパ語の中にも、法と個々の法律を表現するために"ius"と"lex"のような二つの単語を使い分けるのでなしに、一つの単語を用いるものもある。プラトンやアリストテレスが活動した古典期のギリシア語では"nomos"（複数形は"nomoi" プラトンが最晩年に想像上の都市国家の法典を広範かつ具体的に構想した対話編『法律』の原題はこれである）、英語の場合は"law"がそれにあたる。そしていずれの言葉も価値的に無色の言葉である。"nomos"も"law"も、普通は③権利や④正しさという意味を持たなかった（周知のように英語の場合、ドイツ語の"Recht"

と語源を等しくする“**right**”がこれらの意味を持つが、法とか法律といった意味は持たない。ドイツ語と英語でどうしてこのような相違が生じたのか、私は知らない。またギリシア語でも“**dike**”という言葉が「法」「正義」「刑罰」「裁判」といった多様な意味を持っていたが、これは古典期においてはすでに擬古的な言葉だった)。しかしそれでも、英語では冠詞の使い分けによって個々の法律と法一般あるいは法体系とを区別することができる。日本の英米法学者が執筆した『英米法辞典』(東京大学出版会)から引用すると、“**law**”という言葉は、

「(1) 冠詞なしで用いられるときは、法一般ないし自然法や抽象的規範を意味する。例えば、**question of law**(法律問題)。(2) **A law** や **laws** というときは、具体的な制定法や判例法を念頭においている。(3) **The law** は法全体ないし法体系をさす。」

とのことである。つまり“**lex**”にあたるのが不定冠詞をとる(2)で、“**ius**”の上記①法一般の意味にあたるのが冠詞なしの(1)で、同じく上記②法体系の意味にあたるのが定冠詞つきの(3)、ということになるのだろう。しかし(2)の意味の具体的な法規も、「その法律」という意味ならば定冠詞がつくだろうから、やはり英語ではこれらの意味を単語だけで区別するのは難しい。古代ギリシア語になると、定冠詞はあっても不定冠詞はなかったからなおさらである。

だからヨーロッパ語のすべてが“**Recht**”や“**droit**”のように法と道徳とを結びつける用語法を

持っているわけではないが、西洋的な法概念は正義という道徳的価値との関係が強いとはいえる。

また東洋の法は何よりもまず国家による統治の手段であり、刑法と行政法が中心であったことに伴い、権利義務関係の中で人民が負う義務が重視され、しかもその義務の内容はしばしば不確定だった。それと対照的に、西洋の法の伝統ではギリシア・ローマ以来、私人間の関係を規律する私法がむしろ中心であり、"ius"系の言葉が「権利」も表現したことからも示唆されるように、権利を義務よりも重視する傾向がある。多くの場合法的な権利と義務は表裏一体をなすものだから、片方の存在は他方の存在を含意するのだが、それでも存在理由の問題として、〈ある人が義務を負うからその相手は権利を持つ〉というよりも、〈ある人の権利のゆえにその相手に義務が認められる〉と考えられる。ユスティニアヌス帝が古代ローマ法を編纂したローマ法大全の『学説類集』の九割が現在の分類でいうと民法の領域にあたることにも現われているように、西洋の法の中心は民法であって、公法の多くの概念も民法上の概念をもとに作られたものだった。この事情は近代以降国家が社会の中で持つ機能が拡大するにつれて変わってきたが、それでも法学の世界の中心にあるのは私法であって公法や刑法ではない。

訴訟観の相違

東西のこのような法観念の相違は、裁判観の相違とも結びつく。東洋の刑事裁判では今日でいう裁判所と検察、警察の機能が分離されず、同一の機関が犯罪の捜査と訴追と裁判を行う糾問主義 inquisitorial system がとられた。これに対して、西洋では絶対主義の時代は別だが、訴追者（それが検事のような公務員でなく私人である法体系もあった）と被告人が中立的な裁判所で対立するという当事者対抗主義 adversary system あるいは弾劾手続 accusatorial procedure が古代から一般的だった。西洋の中でも、ヨーロッパ大陸よりも英米の方が一層その傾向が強いと言われる。民事訴訟はその性質上、西洋でも東洋でも両当事者が対立するという当事者対抗主義をとることになるが、そこでも東洋では裁判官に訴訟進行上の大きな権限を与え、積極的に訴訟を指導し、情理をふまえて争いを解決することを期待する職権主義の訴訟観が今に至るまで強い（フィクションだが、そのような訴訟観を理想化したのが「大岡裁き」である）。要するに、訴訟の主役は東洋では裁判官であり、西洋では両当事者——民事ならば原告と被告、刑事ならば訴追者と被告人——と考えられる傾向がある。これまで繰り返し引用してきた滋賀は、ヨーロッパの訴訟がアゴン（競技）という性質を昔から持ち続けているのに対して、「中国の訴訟における訴訟の原型を探るならば、それは親が子の非行を叱り兄弟喧嘩を仲なおりさせるという家庭の営みのうちに求められるであろう」（五二頁）と書いた。

東アジアとヨーロッパでなぜ伝統的にこれほど対照的な法概念が生じて発展したのかは、興味深い問題である。農耕・牧畜といった主要な生産形態の相違や民族性にその原因を求める見解もある。また中国では古代から王朝の変化はあれ大部分の時期に強力な中央集権的国家が存在し続けてきたのに対して、ヨーロッパでは一時期のローマ帝国を別にすると近世までそのような国家がなく、中国よりも分権的な社会だった、という歴史的な相違も働いているかもしれない。この問題の検討は本書の範囲をはるかに超える。ここでは東洋と西洋の法概念や訴訟観が重要な点で異なるということを確認すれば足りる。

4 命令説の難点

東アジアの伝統的法概念と西洋的法概念のいずれも法の重要な性質をとらえているが、法概念論への一般的なアプローチとして、評価的に中立な前者の法概念には無視できない長所がある。西洋的な自然法的な法観念を持つことにどんな実践的な利点があるにせよ、それはいかなる正義観念によっても正当化しがたいことが歴史上しばしばあった（そして今もある）法と正義との関係を実態よりも密接なように思わせるという点で間違っており、むしろ法概念論の上では両者を区別して、法の強制的・権力的性質を直視する実証主義的な法観念の方が適切だ、というのが本書の立場である（ただし法がいかにあるべきかという規範的法理論と正義論の観点からは、私は西洋法の理想の方に賛成するが、今問題にしているのは法概念論であって規範的法理論ではない）。

ヨーロッパ語における“ius”系の言葉と“lex”系の言葉の使い分けを高く評価して、日本語でもそれにならって前者を「法」、後者を「法律」と使い分けるべきだと説く論者もいる（そうするとモンテスキューの名著*De l'esprit des lois*（1748）の題名は『諸法律の精神』と訳されることになろう）。この提案のうち、個々の法律と全体的な法とを言葉の上で区別すること自体には賛成できる。しかし"**ius**"系の言葉自体も多義的であるためにその複数の意味を区別しないと議論を混乱させること、及び日本語の「法」という言葉自体は英語の"**law**"と同様、価値中立的で、必ずしも道徳的正しさの含意を含んでいないことを忘れてはならない。「法」という日本語を"**ius**"や"**droit**"と同様に「正義」や「権利」の意味で用いなければならない理由はどこにもない。

しかしそれだからといって、東洋的な法観念に問題がないというわけではない。実際それにはいくつもの難点がある。ハートは『法の概念』をオースティンの命令説の批判から説き起したが、私も東洋的法観念の難点をあげてみよう。

（1）法は統治者をも拘束するかもしれない

東洋の古典的な法概念は国家統治の手段というものだから、法が統治者を拘束するという発想をそこに見出すことは難しい。しかし法が適用されるのは国民に対してだけではない。それは公務員も拘束するし、さらに至高の統治者自身をも拘束することがある。それに誰が統治者であるか、また統治者がいかなる権限を持つかも、多くの場合は憲法によって定められている。その権限を超えた立法は無効とされるのである。ここでいう「憲法」は必ずしも成文憲法である必要はない。現在でもイギリスがそうであるように、文章化されない慣習的な憲法を考えることもできる。

(2) 慣習法

今あげた例からもわかるように、人間社会には成文法だけでなく慣習法 custom law というものもあるのだが、東アジア、特に中国の法概念はこれを中心的なものとはしない。しかし歴史的に見れば、多くの社会では成文法よりも前に慣習法が存在し、初期の多くの成文法はそれを文章化したものだった。古代ローマの十二表法はおそらく一番有名な例だろうが、中世後期のヨーロッパでは各地で不文の慣習法をまとめた「法書」と呼ばれる書物が編集された。ドイツの「ザクセンシュピーゲル」(一二二〇年代)、フランスの「ボヴェジ慣習法書」(一二八三年)、スペインの「七部法典」(一二五六―六五年)、アイスランドの「グラーガース」(一二五八年)、イングランドのブラクトン著『イングランドの法と慣習』(一二五〇年頃)などが代表的なものである。ヨーロッパの中で比較的早く国王権力が確立したイングランドの裁判所が発展させた判例法であるコモン・ローも、ノルマン人の征服以降の「王国の一般的慣習 general custom of the realm」を裁判所が適用したものだというのが建前である。

東洋にも慣習法は存在した。日本では鎌倉時代の一二三二年に「御成敗式目」(貞永式目)が編集されて室町時代にまで継承されたが、その編集の中心にあった執権北条泰時は弟の北条重時への手紙の中で、この法典は特に決まった典拠に基づくものではなく「ただ道理のおすところ」

を記したものにすぎないと書いた。ここでいう「道理」とは武家社会の慣習のことだと解釈されている。

もっとも法書にせよコモン・ローにせよ、慣習法を単純に記録したわけではなく、そこには編者や裁判所による取捨選択と解釈があったに違いないし、慣習法以外にもローマ法の影響が見られることが多いらしいが、ともかく不文の慣習法が拘束するという発想は共有されていた。

近代になると法典化が進み、慣習法は成文法の陰に隠れるようになった。現代の日本では法は制定法とほとんど同一視されており、〈法とは六法全書に書かれているものだ〉という命題もあまり違和感を持たずに受け入れられそうである（この命題に反対する人も〈判例も法を構成する〉という理由を持ち出すのが普通で、慣習法を持ち出す人は少数だろう）。そして法律の中で慣習法について触れた一般的な規定は「法の適用に関する通則法」の第三条で、それは「公の秩序又は善良の風俗に反しない慣習は、法令の規定により認められたもの又は法令に規定されていない事項に関するものに限り、法律と同一の効力を有する」というものである。他に民法九一条も「法律行為の当事者が法令中の公の秩序に関しない規定と異なる意思を表示したときは、その意思に従う」と定めている。これらの法文を読むと、現代日本ではこの二つの条文、特に前者があるおかげで、慣習法が細々と生き残っているかのような印象を受ける。しかし仮にこれらの条文が存在しなくても、裁判所も一般人も慣習（の一部）を法令と同じようなしかたで尊重するだろう。

(3) 国際法

東洋的法概念は国内法しか念頭に置いておらず、国家間の条約や国際慣習からなる国際法を含まない。せいぜいのところ、それは中国を世界の中心としてそれに周囲の属国が朝貢するといった国際関係しか想定していない。だからそれは、世界全体の統治者などといった観念を持たずに諸国家の平等な関係を前提する国際法とは相いれない。もっとも東洋的な法概念からすれば、国際法は本当の法ではなく、単に国家間の事実上の約束や慣習にすぎない、ということになるかもしれない。実際、法命令説の提唱者オースティンは、国際法は法と呼ばれているが主権者の命令でないから本当の法ではないと主張した。

(4) 誰が統治者か?

法とは統治者の命令だとすると、そもそも誰が統治者なのだろうか? 東洋的法観念は始めから統治制度として君主制を想定しているから、国王とか皇帝といった君主がそうであることは明らかである。しかしその場合でも、あらゆる生身の君主自身があらゆる法律を知っていたとは考えにくいし、まして意識的に命令したとは思えない。法令の中には、君主の意志とは無関係に臣下が制定するものも多いだろう。そういった法令も君主が知れば反対しないだろうから、君主の潜在的な意志に基づく、と言われるかもしれない。しかし中には君主の潜在的意志にさえ反する法律もあるのではないだろうか?

法律を統治者の命令として見る発想は、現代の多くの国家のような民主政の国では一層困難をはらむ。議会で法律が制定される場合、立法府である議会が統治者だと考えたくなるが、議会の中にも法案に反対した議員はいるはずである。そうすると、法案に賛成した議員だけが統治者なのだろうか？　そうだとすると、個々の法律ごとに統治者の中身は変わってくるのか？　また昔制定された法律の場合、その時の議員の大部分が今では議員でなくなっているだろうが、それでも現在の立法府がその法律を廃止しない以上、立法府はその法律を潜在的に命令し続けていると考えるべきなのか？　どうやら「統治者」を、議会を構成する個々の議員たちに還元することは無理なようだ。それとも議会によって「代表」される国民全体が統治者だと考えるべきだろうか？　実際、民主主義とは統治者と被治者との同一性を意味するとよく言われる。しかし議会制民主主義の国で現実に法律を制定しているのは議会であって国民ではないのだから、国民を立法者と考えるのはフィクションにすぎない。

これらの難点は、法を支配者の意志する命令として心理的にとらえるオースティン風の法命令説では解決しがたい。だが東洋的法概念をもっと抽象的に理解して、法を国家による人民統治の手段とみなす法概念だと考えれば、法というものは個人の意志から独立したもっと非人格的な制度となるから、上記の問題もそれほど解決困難とは思われないだろう。始めから「統治者」という人格自体を想定しなければよいのである。ただし伝統的な東洋の政治思想において（いや、西洋の政治思想でも）統治者という概念なしで済ませられるかは難問である。

（5）私法

刑法と行政法を法の典型とする東洋的法観念は民法を典型とする私法をあまり考慮に入れないということはすでに述べた。このことは東洋的法観念にとって致命的な欠陥ではないと言えるかもしれない。なぜなら伝統的な中国や日本の法観念といえども、私法の領域を無視したわけではないからである。しかしそれは私人が自分たちで法的権利義務を創造するということを無視しがちである。だがこの事情は、ハートが指摘した「義務賦課ルール」と「権能付与ルール」の相違との関係で説明する方がよいから、彼の法理論に関する第４章で後述する。

文献解題

ホッブズの主著『リヴァイアサン』の邦訳は複数あるが、訳文の読みやすさがかなり違う。せっかくの古典も悪訳では台無しだから、読者は比較して自分が通読できそうな訳を読むとよい。一方彼の晩年に書かれて死後出版された『対話』の邦訳は、

・ホッブズ［2002］『哲学者と法学徒との対話』（田中浩ほか訳）岩波文庫

だけである。ホッブズが法実証主義者か自然法論者かという論争については、

・**Zagorin, Perez [2009] *Hobbes and the Law of Nature*, Princeton University Press, pp. 3-4, 49-51**

を見よ。

大塚滋の『説き語り　法実証主義』はその第5講でホッブズの法学について語っているが、この本については次章の文献解題を、ハートの『法の概念』については第4章の文献解題を参照。

「規範的法実証主義」については、

・**井上達夫編［2014］『立法学のフロンティア1　立法学の哲学的再編』ナカニシヤ出版**

に収録された、井上達夫「立法理学としての立法学」と横濱竜也「規範的法実証主義の立法理論」、及び第4章の文献解題にあげる濱真一郎の『法実証主義の現代的展開』第7章を見よ。しかし程度の違いはあるがこれらの論文は通常の（記述的）法実証主義と規範的法実証主義が競合する理論であるかのように書いている点で、私の理解とは異なる。

中国の法文化・法概念を明快にスケッチしたものとして、

・**滋賀秀三［1987］「中国法文化の考察」『法哲学年報1986　東西法文化』有斐閣**

がある。私の中国法理解はこの論文によるところが大きい。

日本人の法意識は西洋のものとは異なっていて、法律や権利や契約に関する規範意識が弱いと主張して、法学界をこえた影響力を持ったのは、

・**川島武宜［1967］『日本人の法意識』岩波新書**

である。それに対して、

・**大木雅夫［1983］『日本人の法観念――西洋的法観念との比較』東京大学出版会**

は、西洋法における「法の支配」と「権利のための闘争」についての見方と極東（中国と日本）の法の伝統を比較検討して、日本人の伝統的な法意識が西洋人のそれに比べて特に弱いことはないと反論した。

この問題に関する最近の平明な叙述としては、

・青木人志［2005］『「大岡裁き」の法意識――西洋法と日本人』光文社新書

がある。

・星野英一［1998］『法学のすすめ』岩波新書

は西洋的な法観念を前提にして、「法」と「法律」は違うものなのに、両者は近代主権国家において同一視されるようになった、と説く。

・ピーター・スタイン［2003］『ローマ法とヨーロッパ』（屋敷二郎監訳）ミネルヴァ書房

はローマ法を中心としてヨーロッパ法の全体を概観する格好の書物である。もう少し詳しいヨーロッパ法史の概論としては、

・勝田有恒・森征一・山内進（編著）［2004］『概説　西洋法制史』ミネルヴァ書房

がよい。

・古賀勝次郎［2014］『鑑の近代――「法の支配」をめぐる中国と日本』春秋社

は、日本と違って近現代の中国は西洋的な「法の支配」を取り入れなかったと主張している。

レッシグのアーキテクチャ論についての私の理解は、

・大屋雄裕［2007］『自由とは何か――監視社会と「個人」の消滅』ちくま新書

に負う。

第3章

ケルゼンの「純粋法学」

1 「純粋法学」の概要

ハンス・ケルゼン（Hans Kelsen 一八八一―一九七三）は、オーストリア出身でその後第二次大戦中にナチスを避けてアメリカに渡ったユダヤ系の法学者である。彼は第一次大戦後に誕生したオーストリア共和国の憲法を起草し、憲法裁判所の判事も務めたが、学者としての活動の方がよく知られている。彼の膨大な著作は法哲学だけでなく、憲法・国際法・政治思想（民主主義論）・思想史など多様な分野にわたり、「ウィーン法学派」と呼ばれる一群の法学者を生み出したが、本章は彼が「純粋法学 Reine Rechtslehre; Pure Theory of Law」と呼んだ法の一般理論だけを検討する。純粋法学はケルゼンの主観主義的倫理学説や多数決主義的民主主義論と――さらには戦間期ヨーロッパの政治状況とさえ――結びつけて論じられることも多いが、それでは純粋法学の建前である「法の一般理論」としての性質を無視することになってしまうと考えるからである。

ケルゼンは六十年以上にわたって著作活動を続けただけに、その法理論は時代によって部分的な変化があるが、これから紹介する根本的な点では変わらないようである（ただし死後公刊された最晩年の著作には劇的な変化が見られると言われる）。純粋法学の分野における彼の代表作は『純粋法学（初版）』（一九三四年）、『法と国家の一般理論』（一九四五年）、『純粋法学（第二版）』（一九六七年）の三冊である。

純粋法学の「純粋性」

ケルゼンが自らの法理論を「純粋法学」と呼ぶのは、それが規範としての法の記述と分析だけを目的としていて、それ以外の要素をすべて排除しようとするからである。彼は言う。

「法の一般理論の目標は、弁護士・裁判官・立法者・法学教師など、ある特定の法秩序に関わり合っている法律家に、できるだけ厳密に彼自身の実定法を理解しかつ記述することを可能ならしめることだから、その種の理論は、その用いる諸概念をもっぱら実定法規範のいろいろな内容から取り出さねばならない。この理論は、いろいろな立法者のさまざまな動機や意図、または法の形成に関し、その法に服する諸個人が持つさまざまな願望や利害関心によって影響されてはならない。それらの動機や意図、願望や利害関心が立法過程によって生み出された素材に表明されている場合だけが別である。実定法規範の内容のなかに見出しえないものが法概念にはいり込んではならない。本書で提出される一般理論は、実定法の諸条件の心理学的または経済学的説明、もしくは実定法の諸目的の道徳的または政治的評価ではなく、実定法の構造分析をめざす。」〔『法と国家の一般理論』〔以下『一般理論』と表記〕六頁〕

その法理論は一方で、法を道徳的・政治的な価値判断から離れて考察しようとする点で「イデオロギー」的な法解釈学と異なる。また他方で、法を事実ではなく規範として考察しようとする点で社会学や心理学のような経験科学のアプローチとも区別される。それは法と特定の道徳や政治思想との関係も、立法者の意図も、法が実際に果たす社会的機能も、すべて考慮外に置く――少なくとも、それらが法のテクストの中に書きこまれていない限り。純粋法学とは、法を社会的現実や価値や目的から全く切り離して法規範の「客観的意味」を記述する規範科学だというのである。それは社会科学でも自然科学でもないが、客観的な真理を探究するから、「科学 Wissenschaft; science」であることに変わりはない。

ケルゼンによれば、ジョン・オースティンに代表される分析法学も純粋法学も、目標は同じである。

「法科学が正義の哲学と法の社会学から分離され、その方法の純粋性が達成されるのは、法律学を実定法の構造分析に限定することによってである。この点では、分析法学と純粋法学との間に本質的な差異はない。二つが相違する場合には、それは純粋法学が分析法学の方法をオースティンとその学派より以上に首尾一貫して遂行しようとするためである。」（同上、八頁）

ケルゼンによれば、その相違が典型的に現われるのは、純粋法学が国家とは国法秩序の擬人化で法と国家は同一のものだと示すのに対して、オースティンは法と国家を別物だとする伝統的意見を持っている、という点にある。このことを別の言い方で言えば、分析法学は純粋法学と違って社会学的観点を取り込んでいるから方法論的に不純だ、ということになるだろう（実際ケルゼンは、オースティンの法命令説の法概念と、国家による強制力行使の「チャンス」を中核とするマックス・ヴェーバーの社会学的法概念とは本質的に同一のものに帰すると書いている。同上、二七八―二七九頁）。ただし後述のように、純粋法学においても、法が妥当するためにはそれが実効的でなければならないとされるから、その限りで社会に関する経験的事実が取り込まれるが、それは純粋法学が実定法の理論であろうとすることから来る、避けられない例外である。

法を経験的研究とも価値的検討とも無関係に、純粋な規範的体系としてだけ考察することにどれだけの意義があるか疑問に思う人も多いだろうが、ともかくケルゼンはそれが一つの法の科学の存在理由だと考える。彼がそれほど純粋法学の方法論的純粋性にこだわる理由は、法学ではあまりにもしばしば解釈者の主観的な価値判断が学問の名の下に客観的な真理として主張される、という点にある。この事情は今でもあまり変わらないが、そもそも法解釈は学問 science というよりも実践的な技術 art に近いのだから、それが解釈者の価値判断を含んでいるということ自体は当然である。だから法解釈で重要なことは、解釈者がとっている価値判断や目的を明確にすることであって、それが存在しないかのように装うことではない。その一方で、ケルゼンが自称するような価値的に中立な「法の一般理論」も学問としてあってよい。純粋法学の意義の大きな部分は、「伝統的法理論」――それはケルゼンの著作の中では、常に法の科学の敵である悪者として登場する――の一見客観的な法の記述や分析に見える議論の中にしばしば論者の価値判断が存在するということを指摘する、偶像破壊的な「イデオロギー批判 Idedogiekritik」(英語でいう "debunking")の面にある。

もっともケルゼンがイデオロギー的でなく「科学的」だと自称する彼の法理論の著作の中にも、民主主義や平和主義への志向が現われる個所が時々あって、人によっては、冷徹な論理の中にも人間的情熱がほとばしっているとしてそのような個所を重視する。その一方でハイエクのように、「純粋法学」自体が社会主義の法思想を法の科学の名の下に提唱するものだ、というイデオロギー批判をケルゼンに向ける論者もいる。だが私はケルゼン自身の政治思想がどうであれ、純粋法学は価値中立的な法の一般理論として解釈できると考え、そのようなものとして検討する。

しかし法の一般理論は「イデオロギー批判」に代表されるような、「伝統的法理論」の誤謬の指摘だけではなく、もっと積極的に、法という制度と実践の諸特徴を明らかにするという建設的な役割も果たすべきだろう。だがこの面における純粋法学の功績は限られたものにとどまった。それは純粋法学の前提する法の観念があまりにも一面的なものだったからである。法の一般理論は何もケルゼンの純粋法学のように社会学的・心理学的観点を排除する必要はないし、それ自体が特定の道徳や政治思想にコミットしない限り、ある道徳や価値観がいかなる法解釈や法制度と整合的か、あるいは両立困難か、といった問題を考慮することもできるはずである。純粋法学よりもはるかに不純だが客観性を持った法理論は可能であり、学問的に実り豊かである。

ケルゼンもおそらく抽象的にはこの主張を認めただろうが、法体系の純粋に形式的な構造の解明はそれ自体として重要で、法律家にとって役に立つので、そこに純粋法学の意義があると考えていたのだろう。本章の始めの方に引用した文章の中でケルゼンが「法の一般理論の目標は……法律家に、できるだけ厳密に彼自身の実定法を理解しかつ記述することを可能ならしめること」だと書いていることを軽視すべきでない。純粋法学における「法」とは、一般市民＝私人にとっての法ではない。それは現代イギリスの法哲学者ジョゼフ・ラズの表現を借りれば、「法律家のパースペクティヴ」から、日本の法哲学者大塚滋の表現を借りれば、「〈権威〉の内側の視点」あるいは「裁判官の視点」から、見た規範である。純粋法学は法律家の観点から見た法を正確に客観的に記述するための方法である。

後で見るドゥオーキンの法理論はケルゼンの純粋法学とは水と油のように異なっているように見えるが、法律家のパースペクティヴをとっているという点では共通である。ただしドゥオーキンはそのパースペクティヴを無条件に採用していてそれ以外の見方を受け入れないが、ケルゼンは、ある規範を法として把握する場合に人は必ずこの観点をとることになるというだけで、法の規範性を認めないという観点の存在も認めている、という違いがある。この点はケルゼンが正しい。もう一つの相違として、ケルゼンは多くの場合法解釈には多数の可能性があると考えるが、ドゥオーキンは有名な「唯一の正答」テーゼを提唱した。この点もケルゼンが正しい。最後に、ケルゼンが考えている法とは成文法と判例だけからなっているが、ドゥオーキンの法の観念はもっと広く、文章化されていない道徳的原理や解釈的態度まで含んでいる。ドゥオーキンの「法」はあまりにも多様でとらえがたいが、逆にケルゼンの法の理解は狭すぎる。法律家や法機関は法を適用する際に、法文と判決文が表現している命題以外にもさまざまな規範的考慮を取り入れているのである。

規範としての法

法概念論の重要な争点の一つは〈法は事実か規範か〉というものである。大ざっぱな傾向として、自然法論者は自然法という正しい規範は特定の社会で受け入れられていなくても法であると考えて、法を規範として理解するのに対し、法実証主義者は法を特定の社会で強制力を伴って通用している実践として見るので、法を社会的な事実と考える傾向がある。その極端な例はアメリカのリアリズム法学で、その流れに属する論者は法を「裁判所が行うであろうことについての予言」（オリヴァー・ウェンデル・ホームズ）とか「公機関が紛争について行うところのもの」（カール・ルウェリン）と言った。しかし多くの法哲学者は、法は規範と事実という二つの面を持っていると考えてきた。

ケルゼンは法と道徳の峻別を主張したという点で、明らかに自然法論に対立する法実証主義者だが、その中では例外的に法の規範としての性格を強調した。法は「……すべし」という規範・当為の体系であって、人々が現実に行っている行動を述べているのではないというのである。ただし法が効力（Geltung; validity「妥当性」という訳語もあるが、これでは道徳的な正しさを意味するように感じられるので適当でなかろう。単に「妥当」と訳すこともできるが、これには日本語として違和感がある）を持つためには、それが社会の中で実効性（Wirksamkeit; efficacy）を有するという事実も必要である。大部分の人が従わないような規範や誰かが起草しただけの法律案や頭の中で考えた法体系は、本来の意味の法ではありえない。だから法の実効性は効力の条件だが、両者は同一ではない。効力という概念は規範性を含んでいるのである。

法と強制・制裁

法だけが規範ではない。道徳もまた規範である。一般に法実証主義の発想では、法は強制・制裁（Zwang; sanction）を伴うが道徳はそうでないという点で区別される。そしてケルゼンによれば、あらゆる法規範は「法秩序が定める特定の要件が生ずれば、法秩序の定める特定の強制行為が行われるべきだ」（『純粋法学　第二版』七九頁）という、〈条件－帰結〉の形をとる。

この形をとることは自然法則も同じだが、自然法則は条件が原因で帰結が結果という因果律の形をとるのに対して、法規範の場合は条件が要件で帰結が強制という形をとる。たとえば「人を殺した者は、死刑又は無期若しくは五年以上の懲役に処する」という日本刑法一九九条の規定では、殺人という行為が要件で、死刑又は無期若しくは五年以上の懲役というのが強制である。この法的条件と帰結との間の関係をケルゼンは"Zurechnung; imputation"と呼んだ。この言葉は「帰責」と訳されることもあるが、ケルゼンが考えている法的効果は不利益なものに限られないので、ケルゼン研究家の長尾龍一は「帰報」という訳語を案出している。

法的強制（サンクション）というと普通刑罰や行政による不利益処分だけを考えがちだが、このようにケルゼンの用語法ではこの言葉はもっと広い意味で使われている。それはまた民法の損害賠償責任や救済方法も含むものである。実際ケルゼンの法理論では、刑罰も民事的救済も不利益な行政処分も、裁判所あるいは法機関による強制という点では変わらないから、刑法と私法、公法との区別は便宜的なものでしかない。そして強制の条件となる犯罪や民法上の不法行為や債務不履行は「不法行為Unrecht; delict; wrong」と総称されるが、これは民法の不法行為に限られない。純粋法学の考え方では、ある行為、たとえば殺人は不法だからサンクションを課されるのではなく、逆にサンクションを課されるから不法なのである。

ケルゼンによれば、法律の中には強制を規定しないで命令するような法文（日本語でいう「訓示規定」もそれにあたるだろう）や政治的理想を述べるだけの法文（諸国の憲法の前文はその典型だろう）もあるが、これは宣言的な効果しか持つものでなく、本当の意味の法ではない。法学でいう「自然債務」も、法的には無意味とされる。そして誰かに法的権限を与える法律や、法的効果が与えられるための条件を定めた法律は、それだけでは独立した法規範ではない。それは不法行為に対する強制を定める規定と一緒になって、ようやく一つの完全な法規範となる。

第一次的規範と第二次的規範の区別

このようにして純粋法学ではあらゆる法規範が〈不法行為 - 強制〉という要件 - 効果関係に還元される。これ自体かなり論争的な主張だが、さらにケルゼンは、〈不法行為自体は法規範の要件にすぎず、法によって禁止されているわけではない〉という、一層常識に反する主張を行う。刑法学者を含むたいていの人の見方によれば、上記の刑法一九九条は、第一に殺人という行為を禁止し、そして第二に、殺人の犯人に死刑などの刑罰という強制を執行するよう法機関に命令しているので、そこには二つの規範が存在している。前者の規範は人々一般に向けられ、後者の規範は法機関に向けられている。しかしケルゼンによれば、犯罪などの不法行為を禁止する前者の規範は、それに対する強制を定める後者の規範に依存するものだから、後者の規範だけが「唯一純粋な法規範」(『一般理論』一二三頁)である。ケルゼンはこの規範を「第一次的規範 the primary norm」と呼び、不法行為を禁ずる規範を「第二次的規範 the secondary norm」と呼ぶ。そしてそもそも法とは「強制を規定する第一次的規範」なのだから、強制の条件である不法行為がこの規範と矛盾することはない。法に反することができるのは法機関だけである。

「厳密に言えば、ただ機関だけが定められたサンクションを執行したり、しなかったりすることで、法規範に「従いobey」あるいは「従わないdisobey」ことができる。ところが、通常の用語法では、「規範に従う」とか「従わない」という表現は法服従者（subject）の行動に言及する。法服従者が「従う」または「従わない」ことができるのは、もっぱら第二次的規範である。もし、われわれが、法服従者が法に従い、または従わないという通俗の用語法を黙認するとすれば、機関は法を「適用するapply」または「適用しない」と言ったほうがよい。」（『一般理論』一二四頁）

ケルゼンの発想では、法は国民一般ではなく、あくまでも国家機関（典型的には裁判官）に向けられた規範である。私人は国家機関に向けられた「純粋な法規範」である第一次的規範から間接的に第二次的規範を導き出すだろうが、後者は法の一般理論にとって補助的な観念以上のものではない。ケルゼンは、オースティンの法命令説はこの第一次的規範と第二次的規範の間の相違と相互関係を明瞭に理解していなかったため混乱に陥っていると主張する。

なお以上の説明では、第二次的規範の義務の違反者（たとえば犯人）と強制を受ける客体（たとえば受刑者）が同一人物であるかのように書いてきたが、それは必然ではない。不法行為者でない人に強制を向ける法規範もある。

さて法的な義務とはこの第二次的規範の義務のことだが、典型的には法的権利とは義務に対応するものである。詳しく説明しないが、ここからさらにケルゼンは、（通常の意味の）権利とは義務の反射にすぎないとか、物権と債権の区別は伝統的法学がいうほど重要ではないといった主張を行っている。

法的人格

法的人格（legal person）に関するケルゼンの議論も興味深い。ケルゼンによると、法学的思考はさまざまな義務と権利を「持つ」主体としての法的人格を想定しないことには満足しないが、これは「アニミズムと呼ばれる原始的神話思考の特色」（『一般理論』一六九頁）である。しかしこの法的人格は義務や権利から離れて存在するわけではなく、「それらの法規範の人格化された統一体にすぎない」（一七〇頁）。

この法的人格はしばしば人間 man と同一視されるが、法規範は人間の行動の一部を規定するだけである。そして法学でいう「自然人 physical person」とは、ある人間の行為（の一部）を規定するさまざまな義務と権利を人格化したものだから、「人間」と「自然人」は全く別物である。人間は生物学の概念で、自然人と法的人格は法律学の概念なのである。

かくして法学上の自然人とは義務と権利の人格化以外のものではないのだから、自然人と法人との間に本質的な相違はない。いずれも法的な人格である。社団のような法人も、諸個人の行動に関する義務と権利を統一化した概念だからである。こう考えると、法人が民事的サンクションだけでなく刑事的サンクションに服すことも可能である。法人が一つの有機体として意志を持つという観念はアニミズム的実体化である。また法人は「人々の団体」でもない。法人は人々の行動を規律する秩序なのである。

法の動学と法段階説

以上の議論は純粋法学のうちケルゼンが「法の静学 Statik; statics」と呼ぶ部分に属する。次に「法の動学 Dynamik; dynamics」に移ろう。ケルゼンによれば、「法の静学が法創造を視野の外に置き、その効力、効力領域等のみを理解の対象とするのに対し、法の動学、即ち法秩序段階構造の理論は、法を、その運動態において、自己創造過程という恒常的な変化の姿において捉える」(『純粋法学　第二版』二七〇頁) ものである。

個別的な法規範はより上位の一般的な法規範からの授権を受け、それによって規律される。

「かりに一定の強制行為——たとえば、ある人が他の人を刑務所に閉じ込めることによって、その自由を剝奪するという事実——が何ゆえに法行為であり、従って、一定の法律秩序に属するかと問うならば、その答としては、一定の個別的規範によって、即ち、判決によって、右の行為が定められているからということになる。それでは、何ゆえにこの個別的規範が妥当するか、それも特定の法律秩序の成分として妥当するのかと問うならば、その答としては、それが刑法典に適合して定立されたからということになる。更に、刑法典の妥当根拠を問うならば、憲法に到達する。憲法の規定に従って、権限のある機関により、憲法に定められた手続において、刑法典が成立させられたから、妥当性を有するということになるのである。」

（『純粋法学』〔初版〕一〇五―一〇六頁）

高度に一般的な憲法から、より具体的な法律へ、そしてそこからさらに個別的な命令や判決や行政処分へと授権がなされていて、その授権関係によって法体系が統一されているというこの発想は「法段階説」と呼ばれる。法段階説は近代国家の法体系の説得的な記述と思われるから、純粋法学の他の概念や主張を受け入れない法学者の多くもこの説を（しばしば無意識に）採用している。ケルゼンは実定法秩序の最上位にある憲法もさらに上位の規範から授権を受けなければならないとして、その仮定された規範を「根本規範」と呼んだが、これについては次節で詳しく検討する。

さて右の引用文からも示唆されることだが、上位の規範に授権された法機関がより個別具体的な法規範を創造するという点では、立法も裁判も行政処分も変わらない。いずれも法の適用であり解釈である。それらの間の相違は相対的な程度の相違にすぎない。

この法の具体化の際、法機関はそれに授権した上位規範に拘束されるが、その拘束は多くの場合裁量の余地を残している。上位規範の枠の中で、法機関は複数の法執行の可能性を与えられている。法の解釈とは、その枠の中の可能性を確定することである。

「法律の解釈は必ずしもそれのみが正しいものだという唯一の決定に到達するとは限らないで、多くの決定に到達せざるを得ないことがあり得る。これらの多くの決定は――それが単に適用されるべき規範を尺度としてなされる限り――すべて同等の価値を有する。ただし、そのうちの単に一つのみが、判決の行為によって実体法となる。」(『純粋法学』〔初版〕一四八頁)

裁判官と法学者はともに法体系の拘束力を認めているという共通点はあるが、裁判官は法律の授権を受けた公機関として判決によって法を適用し創造するのに対して、私人である法学者はそれができない――古代ローマや近世ヨーロッパのように一部の権威ある法学者の説が法として認められていた社会は例外だろうが――という点は異なる。判例は法だが、学説はたとえ「通説」であっても法ではなく、私的な見解にすぎない。また認識活動としての法学にできるのは、法規範の可能な諸解釈を明らかにすることだけであって、法学者がよくしているように特定の解釈を提唱することではない。

「弁護士が依頼者のために、適用法条の可能な諸意味のうちのただ一つを法廷で主張したり、著作者が註釈書の中で、可能な諸解釈の内の一つを唯一の「正しい」解釈であると唱えても、

それは法学的活動ではなく、法創造に影響を与えようとする法政策的活動である。」(『純粋法学　第二版』三四三頁)

なおケルゼンによれば、上位の規範が下位の機関に授権し義務を課するからといって、その下位の機関が創造した規範が上位の規範と衝突すると効力を持たないということにはならない。そのような異なった段階の規範衝突の場合、下位の規範も取り消されない限り効力を持つ。それはある裁判所の判決が上位の裁判所によって違法だと評価されて破棄されるとしても、それまでは効力を持っているのと同様である。だから「違法」な判決も取り消されない限り合法だし、「違憲」の法律も、違憲立法審査権の行使のように憲法が認める取消手続によって無効化されない限り合憲である。ここからケルゼンは、「法秩序内において「無効(nichtig; null)」というようなものはあり得ず、「取消可能(vernichtbar; annullable)」ということのみが可能だ」(同上、二六六頁)という、法学の一般的想定に反するような結論を引き出す。ケルゼンによれば、誰も本気で法として受け取らないような命令は「無効」なのではなくて、そもそも法的には無意味なのである。

国際法と国内法

純粋法学はこれまで見てきた国内法だけでなく国際法も対象とする。基本的に国際法は国家間の関係を規律する法で、国際慣習法や条約からなっているが、普遍的な国際法の規範は「合意は守られるべしpacta sunt servanda」というものである。国際法も不法行為に対して強制（サンクション）を課するという形式を持つし、〈一般的慣習－個別的条約－国際機関が創設する法規範〉といった段階構造をとるという点でも国内法と変わらない。また国際法秩序についても「根本規範」が仮定されている。しかし国際法は国内法と違い、強制が戦争と復仇（Repressalie; reprisal）という自力救済であるとか、立法のための特別な機関がなく分権的であるといった相違がある（現在では国際連合の権限が大きいから、これらの点におけるケルゼンの主張には修正が必要だろう）。

国内法と国際法とは別個の法体系だと考えられることが多いが、ケルゼンによるとそれは誤りである。法学はすべての法を同一の体系に属する完結した統一体としてとらえなければならない。国内法も国際法もともに効力のある法と考える限り、次の二つの一元的構成をとらざるを得ない。その一つは、個別の国家が国際法を承認しているから国際法は効力を持つという「国内法上位説」であり、これによると国際法は国内法の一部とみなされる。それだけでなく他国の法秩序も国際法秩序によって認められているのだから、それらも国際法秩序を介して自国の国内法に含まれていることになる。もう一つの構成は、国際法秩序が国内法に授権しているという「国際法上位説」で、それによると諸国がそれぞれの領土や国民に対する支配権を持っているのは、実定国際法規範の中に「実効性の原則」が含まれているからである。いずれも法学の観点からは可能である。国内法上位説は帝国主義的イデオロギーに対応し、国際法上位説は平和主義のイデオロギーに対応するが、純粋法学自体はそのような政治的イデオロギーに立ち入るものではない——。

このようにして純粋法学の理論家としてのケルゼンは中立的な立場をとるが、彼の政治的立場が国際法上位説であることは明瞭である。

2　根本規範

ケルゼンによる説明

以上で純粋法学の理論を見てきたわけだが、そこで簡単に済ませておいた「根本規範」の概念を見てみよう。

根本規範に関するケルゼンの説明は、初版の『純粋法学』では第五章「法律秩序とその段階構造」、『法と国家の一般理論』では主として第一部第X章「法秩序」、『純粋法学　第二版』では主として第三四節「規範的秩序の妥当根拠：根本規範」の中に見出される。三者の間に実質的な相違はないようだが、最後のものが一番詳細なので、それによって説明しよう。

ケルゼンによると、法秩序は規範の体系だが、その規範を表わす命題は事実に関する命題からは出てこない。

「『なぜ規範が効力を持つか』『なぜ人間はそのように行動すべきなのか』という問いには、事実認識をもって答えることはできない。規範の効力根拠は存在的事実ではあり得ない。『あることがある』ことから『あることがあるべきだ』という帰結は導き得ないし、『あることがあるべきだ』ということから『あることがある』という帰結も導き得ない。ある規範の効力根拠は別の規範の効力でしかあり得ない。他の規範Bの効力根拠を表わす規範Aは、比喩的に『下位規範Bの上位規範である』と表現される。」（『純粋法学　第二版』一八六頁）

しばしば上位規範の効力根拠として権威が持ち出されるが、そのような権威自体もそれに授権する規範を必要とする。

「効力根拠の追求は、ある結果の原因を探求する場合と異なり、無限に続くものではなく、究極・最高の規範として前提された規範に至って止まらざるを得ない。この規範は最上位の規範であるから、それ以上の高位の規範を根拠づける権限をもった権威によって**設定**（setzen; posit）されたものではあり得ず、**前提**（voraussetzen; presuppose）されたものでしかあり得ない。その効力はもはやそれ以上の規範から導き出されるものではなく、もはやその効力根拠を問うことはできないのである。最上位のものとしてそのように前提された規範を、ここでは「根本規範（Grundnorm; basic norm）」と呼ぶ。その効力根拠が同一の根本規範に遡るすべての規範は、一つの規範体系・規範秩序を構成する。根本規範は、同一の秩序に属するすべての規範共通の源泉であり、共通の効力根拠である。ある規範がある規範秩序に属するということは、その究極の効力根拠がこの秩序の根本規範であるということに基づく。多様な諸規範に統一をもたらすのはこの根本規範であり、根本規範はこの秩序に属する全規範の効力根拠である。」（一八七—一八八頁）

そして効力根拠の性質によって、「静的」と「動的」という二種類の規範秩序を区別できる。静的秩序においては、ある規範が効力を持つのは、その内容がもっと一般的な別の規範から引き出されるからである。たとえば〈誠実であれ〉という規範から〈約束を守れ〉という規範が引き出されるように。これに対して動的秩序では、ある規範が効力を持つのは、その規範が上位規範から授権された者によって創造されたからである。最終的には、その授権の連鎖はそれ以上さかのぼれない前提された根本規範に至る。法秩序は本質的に動的規範秩序であって静的規範体系ではない。それゆえ、いかなる内容も法でありうる（一八八—一九一頁）。

「法体系の根本規範は、内容的規範ではない。即ち直接的明証性をもった内容のゆえに最上位規範として前提され、そこから一般から個別への論理操作によって人間行動の規範が導き出されるような規範ではない。法秩序の諸規範は、特定の設定行為によって創造される。そ

れは設定された規範、実定的規範であり、それが実定秩序の要素をなすのである。」（一九一―一九二頁）

根本規範は憲法制定行為の前提となる規範であり、実定法の意味における憲法と対比的に、「法論理的な意味の憲法」と呼ぶこともできる。根本規範は法的機関や慣習によって作り出された規範ではないから、それ自体は実定法ではなく、立法手続の前提された出発点である。さて法の動態を見ると、たとえば処刑という強制的行為がなぜ単なる殺人でなくて法の執行であるかというと、それはその行為が刑法の適用だからである。ではその刑法がなぜ効力があるのかというと、それは憲法によって立法の権限を授権された立法府によって制定されたからだ、という答えが与えられる。では現行の憲法はどうして妥当しているかというと、それは憲法改正手続に従って改正された結果だからである。かくして法規範の妥当根拠は、最終的には「歴史的に最初の憲法」に行きつく（一九二―一九三頁）。

「歴史的に最初の憲法［……］の効力根拠を問うならば、この憲法の効力、この憲法規範の拘束力は、**前提された**のだ、と答えるほかない。この憲法に従って設定された行為が一般的法規範の創造・適用であり、その一般的規範に従って設定された行為が有効な個別法規範の創造・設定だと解される限りは……。［……］規範の効力根拠は規範でしかあり得ない以上、この前提をなすものもまた一つの規範でしかあり得ない。その規範は法権威によって設定されたものではなく、前提された規範である。即ち、憲法制定という事実の主観的意味、及びその憲法適合的に設定された規範創造要件の主観的意味をその客観的意味として解釈する場合に、前提されている規範である。法秩序は強制行為を定める秩序であるから、その根本規範を記述する命題、国家法秩序の根本規範は、「強制行為は、歴史上最初の憲法及びそれに従って設定された諸規範が定める要件下で、それが定めるように設定さるべし」というものである（短縮すれば「憲法の定めるように行動すべし」ということである）。」（一九三―一九四頁）

なお以上の根本規範は特定の国の憲法に言及しているのだが、ケルゼンはその後で国内法だけでなく国際法の根本規範についても述べている。そのうち結論的な部分だけを、以下に関係するので紹介しておこう。

「なぜ一般国際法が諸国家を拘束する法規範として解釈されるかというと、それは諸国家間の慣習を法創造の要件とする根本規範が前提されているからである。その根本規範の内容は、「各国（すなわち各国政府）は、その相互関係において、国家間慣習に適合するように行動すべきである」、ないし「国家の国家に対する強制は、国家間慣習の要件に従い、その定める仕方で行使さるべきである」というものである。」（二〇八―二〇九頁。また『一般理論』五三

九頁「諸国家はそれらが慣習的に行動してきたごとく行動すべきである」も参照）

国家間の条約が国際法規範としての効力を持つのも、元はといえば慣習が国家に条約の締結を授権しているからに他ならない。

「国際法の根拠は「合意は拘束する（約束は守られるべし）」という規範であるとは多くの著作者が唱えるところで、元来私が提唱したものであるが、それは「国家間慣習が黙示の条約である」という擬制なしには維持できない。」（注79）

そして上記の国際法の根本規範は、あらゆる慣習法の根本的前提を表現している。その前提とは、「個人は、人々がこれまで行動してきたように行動すべきである」（二〇九頁）というものである。

根本規範の想定は法体系の存在のために必要ない

以上がケルゼンの根本規範論だったが、私はそこにいくつもの納得しがたい点を見出す。まず一番素朴な疑問から始めよう。ケルゼンはあらゆる規範がその効力を高次の規範から得なければならないと言うが、どうして根本規範だけはその要請から免れているのだろうか？　根本規範の効力は一体どこから来ているのか？　根本規範は「前提」されているとか、どこかに至上・究極の規範がなければならないとか言うだけでは、何の説明にもなっていない。〈他のすべての規範は上位の規範から効力をもらわなければならないが、根本規範だけはそうでない〉という前提は、ケルゼンが天下り的に与えたものでしかない。

　ケルゼンはこの反論に答えて、〈法学者も法律家も法を拘束力あるものとしている以上、その見方を可能にするような効力の源泉を想定しており、そしてその源泉の探求はどこかで打ち止めにしなければならないから、たとえ彼らは気づいていなくても、根本規範を前提しなければならないのだ〉と言うかもしれない。しかし根本規範なるものをわざわざ想定しなくても、国内法秩序ならば（実質的な意味での）憲法で、国際法秩序ならば国際慣習法で打ち止めにできないのだろうか？　法律家や公務員が憲法を頂点とする法秩序に従っているのは、まさにその秩序自体に従うべき何らかの理由を見出しているからであって、その秩序よりも一段上位にある、「憲法に従うべし」という根本規範を（暗黙のうちにであれ、意識してであれ）受け入れているからではない、と考えるのが現実的だろう。国際法にしても、重要な例外はあれ諸国の政府がおおむね国際法に従っているのは、国際慣習に従うべしというケルゼン流の国際法の根本規範を暗黙のうちに前提しているからではなくて、直接に国際慣習それ自体を受け入れているからだろう。

　もっともケルゼンは、根本規範は法体系を創造する原因ではなくて、その認識の前提条件にすぎないというかもしれないが（『純粋法学　第二版』注75は、誰が根本規範を前提するかというと、それは法を規範として解釈する者だ、と主張する〉、そう理解してもケルゼンの主張と違って、〈法体系の外にあってその妥当根拠となる根本規範〉という観念の助けなしにも法を理解できるし、法体系の一体性を説明できるということは、つとに指摘されてきた。たとえばハートは言う。

「もしいろいろな法源を特定する憲法が、その与える基準に一致してその法体系の裁判所や公機関が実際に法を確認しているという意味で生きた現実であるならば、その場合その憲法は受け入れられており、実際に存在しているのである。〈憲法（あるいは「それを定立した」人々）が従われるべき〉であるという意味を持ったルールがさらにある、と言うならば、それは不必要な繰り返しであるように思われる。」（『法の概念』二七九頁）

日本のケルゼン研究家で憲法学者の菅野喜八郎も言う。

「根本規範の擬制を俟たなくとも、歴史的に最初の憲法の客観的当為性の想定のみで根本規範に期待されている機能を果たすことは可能である。法を認識しようとする者が歴史的に最初の憲法の客観的当為性を想定するならば、即ち、歴史的に最初の憲法を妥当する法規範とみなしてしまうならば、かくみなした者にとっては、この憲法の直接・間接の授権に基づく人間の意志行為の意味は法として現われることになる、つまり法として認識されることになるからである。」（菅野［1988］一三三頁。また一三〇―一三六頁全体も見よ。ほかにもRaz［1980］ch.V, sec.3.［「法体系の構造と配列、その統一性は、根本規範の削除によっても実質的に影響を受けないままである。」邦訳一二五頁］）

根本規範はオッカムの剃刀（「必要なしに多くのものを定立してはならない」という節減の原理）によって剃りおとされるべき無用の観念である。私の推測を述べると、ケルゼンの死後しばらく、昭和時代の終わりには日本の法哲学界でケルゼンの法理論の影響力が強かったのに今日それがすっかり弱くなったことの一因は、今紹介した有力な批判に対する反論が出ず、その批判の正しさが広く受け入れられるようになったことにあるだろう。法哲学者の中で基本的に法実証主義的な法観念を持つ人々は、ケルゼンの「根本規範」よりも次章で述べるハートの「承認のルール」の方が法の妥当性を説明する観念としてはるかに手ごたえがあり実り豊かだと考えるようになったのだろう。こう言うのも、私自身がその一人だからである。

根本規範の概念に対するこのような消極的見解と反対に、ケルゼンの「イデオロギー批判者」としての面を重視する長尾龍一は――

「ケルゼンは［……］実定法のみならず、すべての規範体系が仮説の上に成り立っていることを積極的に示すことにより、実定法を自然法によって絶対化しようとする法理論のみならず、あらゆる絶対主義的な正義論を批判したのである。「仮言的」根本規範という概念は、カントの「定言的」命令と「仮言的」命令の対置に由来する。したがって実定法体系が仮言的根本規範に基礎をおくと主張することは、実定法の「定言的」正当化を否定する、相対主義者としての積極的主張である。〔……〕実定法の根本規範が仮説であることを暴露したことは、イデオロギー批判者としてのケルゼンの思想的業績の一つともいうべきものである。」

（長尾［1999］三二六―三二七頁）

と主張して根本規範論を高く評価するが、そもそも〈実定法（そして道徳も）は根本規範の上に成立している〉という前提自体がケルゼンの独断にすぎないのだから、その根本規範が「定言的」でなく仮説にすぎない、「仮言的」だ、と言ったところで、実定法の絶対主義的正当化論の批判には成功していない。法体系の基礎にあるのは、むしろ国際法なり憲法なりを受け入れているという人々の態度である。ケルゼンが純粋法学によって「絶対主義的な正義論を批判」しようとした、という長尾の推測は当たっているだろうが、意図が立派ならば議論の間違いが許されるわけではない。

根本規範概念の無用性という上記の点に密接に関係する、ケルゼンのもう一つの想定は、あらゆる規範はその妥当性を高次の規範から得なければならない、規範的な権限は必ず誰かから授権されなければならない、というものである。しかしそう考えなければならない理由も示されていない。ラズが言うように、ケルゼンの根本規範論は「ある者が立法権能をもちうるのはそれが法によって彼に付与された場合のみである、という誤った仮定に立脚している。［しかし］立法権能とは、たんに法を創造したり廃止したりする能力にすぎない。最初の憲法の創造者は、法によって付与されたのではないが、最初の憲法をつくる立法権能を持つ」（Raz［1980］邦訳一六三頁）のである。

誰かが無から規範を設定したり、規範創設者自身が自分に授権したりするということは、ケルゼンがどういうわけか信じていたように論理的不可能事だというわけではないし、現実にも日常茶飯事である。たとえば二人の人が将棋を指す場合、彼らは将棋のルールという規範に拘束された者として行動しているが、それは彼らが将棋のルール自体よりも一段高次の、「将棋のルールに従え」という規範に従うからではなくて、彼らが自発的に将棋のルールに従っているからである。法体系の場合も、ラズの例のように、人々が授権されたわけでもないのに新しい憲法的規範を作り出すことは容易に想像できる。いや、そんな革命的な事態を別にして、人々が従来の法体系や憲法に従っている場合も、上記のハートからの引用文で示唆されるように、彼らは歴史に遡る妥当根拠のためにそうしているとは限らない。そんな淵源はどうでもよくて、現在この法に従うべきプラグマティックな理由があると信じてそうしているのかもしれない。これらの場合、人々は自ら法を受容することによって、日々刻々法の効力＝妥当性を再生産し続けているのである（ハートの「承認のルール」に関する議論は、このことを指摘していると解釈できる）。人々は「歴史的に最初の憲法」の授権のおかげで、それが許す限りで法的活動を行っているわけではない。人はある規範を受容することによって、いわば自分自身に授権している。「自律」という概念自体、その自己授権の可能性なしには考えられない。このことはまた、行為者よりも規範に着目すれば、法の中には「自己言及法 Self-referring Laws」(ハート『法学・哲学論集』第七論文の題名)もあるというふうに表現できるだろう。

あまり注目されていないが、ケルゼン自身、慣習法の形成について述べた個所では、他の人々や機関から授権されたわけでない人々が規範を創造するという可能性を認めている。彼は言う。

「慣習法は自分たちが創設する法に服する諸個人によって創設され、これに対して、制定法はその目的のために設置された特別の諸機関によって創設される。この点で、慣習法は契約または条約によってつくられる法に類し、法規範が、それが拘束する同じ法服従者たちによって創設されるという事実を特徴とする。」(『一般理論』二一七頁)

根本規範の議論をあえてここでも適用すると、慣習法の場合、人々は根本規範によって授権されたから慣習という形で法を創設している、ということになるのだろうか? そのような仮定は不必要だろう。人々は単純に、自生的に発生した規範を受容している(そしてその規範に効力を与えている)だけかもしれない(『一般理論』一九九頁にはその可能性を認めているような文章がある)。

しかしこれまで述べてきたような、〈根本規範など想定しなくても、人々が憲法を受け入れていれば法は存在する。あるいは法を認識できる〉という主張に対して、ケルゼンを擁護する立場からは、その議論は人々の態度という事実から法規範という当為を導き出している、言い替えれば〈である〉から〈べし〉への飛躍をしている、と反論されるかもしれない――ケルゼン自身がどう考えていたかはともかくとして。

だが上記の批判はそのような飛躍を犯してはいない。それは〈法体系を受け入れている人々にとって法は存在している〉ということを言っているだけであって、人々による憲法の受容という事実と法の規範性とを同一視しているわけではないからである。その主張自体は、法に対する内的な観点からなされているのではない。

ケルゼンは「社会学者または心理学者は、ある人々は義務づけられていると自ら信じ、他の人々は反対のことを信じ、またある人々は二つの意見の間で動揺していることを観察するだろう。社会学者または心理学者は、法および道徳の規範的側面でなく、もっぱら事実的側面のみを見る。彼は、法および道徳を、妥当する諸規範の体系としてではなく、諸事実の複合体と考える」（『一般理論』五四七―五四八頁）と言うが、上記の批判はそのような社会学者や心理学者（また法を裁判官の判決とほとんど同一視した法リアリズムの理論家もそうかもしれない）の観点とは違って、人々の心理的状態ではなく、人々が受け入れている規範を問題にしているのである。科学哲学者カール・ポパーの用語法を使って言えば、人々の法意識は心理的な状態としては世界Ⅱ（心理の世界）に属するが、規範的な信念の内容は世界Ⅲ（理論の世界）に属し、ケルゼンだけでなく上記の批判者も後者について述べているのである。

なおケルゼンは、「実定法はその支配下の人々によって承認された時、効力を持つ」という「承認理論 Anerkennungstheorie; doctrine of recognition」と自説とを区別して、後者と違って前者は自律という理想を奉じて「個人は自分の欲することのみをなすべきだ」という規範を前提している、と主張する（『純粋法学　第二版』注81）。ここで批判されている「承認理論」が誰の理論かよくわからないが、それはそのような政治道徳的な見解を前提する必要はない。承認理論は単に、法がある社会で存在していると言えるためには単なる強制だけでは足りず、ある程度以上の承認が必要だと言っているにすぎない。

いずれにせよ、法が妥当している、あるいは存在すると言えるためには、人々による法の受容（たとえそれが部分的で受動的なものであっても）という社会的事実が必要なことは否定できないだろうが、ケルゼンはこのことを認めたがらない。彼は言う。

「われわれは人々の法の観念が持つかもしれない動機づけの力について、精密には、何も言うことができない。客観的には、われわれはただ、人々の行動が法規範に一致し、または一致しないと確認できるだけである。したがってこの研究で法の「実効性」と言う語に付着する意味合いは、人々の現実の行動が法規範に一致するということだけである。」（『一般理論』

九三―九四頁）

ケルゼンは人々の行動を外から見るだけでよくて、彼らの動機とか信念といった心理を考慮する必要はないというのである。

ケルゼンは法理論からできるだけ事実的要素を排除して純粋法学の「純粋」性を強調したが、それでも法の妥当性 validity のためには実効性 efficacy が必要だと進んで認めている。実効性は法秩序の十分条件ではないが必要条件である（『一般理論』二〇五頁）。彼は「規範的法学が有効だと認める規範とは、普通順守されかつ適用されている規範のことである」（二七六頁）とも言うし、それだけでなく、法体系の前提された擬制である根本規範自体の内容も社会的な事実によって決定されるとも言う。ケルゼンによれば「根本規範の内容は、それを通じて一つの秩序、この秩序によって規律される人々の行動が大体においてそれに適合するところの秩序が創設され、適用される諸事実によって規定される」（二〇七頁）のである。

また彼は「自然法論と法実証主義の哲学的基礎」という一九二八年の論文の三十五節「法実証主義――法と力」でも言う。

「実定法は根本規範から引き出されるのではなく、単にこれを媒介として理解することができるのである。根本規範の内容は根本規範によって最初の法創設要件と性格づけられる特殊な歴史的所与の事実であるが、この内容はまったく実定法として理解されるべき素材いかんによって決まる。つまり、法的作用たろうとする主観的要求を持つが客観的には経験的所与の多数の作用しだいによる。」

根本規範におけるこの「実力の法への転化 the transformation of power to law」を純粋法学のアキレスの踵であるかのようにみなす論者がいる。日本のケルゼン研究の第一人者長尾龍一の論文「根本規範について」が「純粋性を標榜するハンス・ケルゼンの法理論が、その体系の頂点をなす根本規範のところで急に「不純」になり、この一番肝心なところで破綻した、とは、ほとんど人口に膾炙したケルゼン批判である」（長尾［1999］三二五頁）と書き出してその批判に答えようとしているほどである。しかし『純粋法学』の初版も第二版も「純粋法学は実定法の理論である」という文章から始まっていることからも明らかなように、純粋法学は規範の一般理論でもなければ、すべての可能な法についての理論でもない。それは現実の社会の中で実効性を持つ法を規範として取り扱う法理論である。純粋法学がいくら純粋だといっても、それは実定法の理論であることをやめるほど社会的事実から隔離されたものであろうとしているわけではない。ケルゼン自身が「純粋法学」の純粋さについてどのように考えていたのか私は確信が持てないが、ともかく今指摘した必要最小限の「不純さ」が純粋法学にとっての欠点になるとは思えない。

根本規範は法の内容の解明に役立たない

根本規範の別の問題点は、その内容があまりにも空虚なために、法体系の内容を同定する役に立たないということである。ケルゼンは制定法については、根本規範の内容は〈憲法に従え〉というものだとしたから、この問題点があまり明確にならないが、慣習法やその一種である国際法については誰の目にも明らかになる。純粋法学は実定法の一般理論なのだから、建前上は成文法だけでなく慣習法にもあてはまる理論のはずだが、実際にはケルゼンのヨーロッパ時代にはその内容の多くは制定法を想定していたのに対して、アメリカに移ってからの著作には慣習法への言及が多くなったようである。

ケルゼンは国際法の根本規範は「諸国家はそれらが慣習的に行動してきたごとくに行動すべきである」で、慣習法の根本規範は「他の人々が通常行動するような仕方で行動すべきである」だと言ったが、国家や人々の「通常の行動」とはずいぶん漠然とした表現である。もっともこの問題はほとんどすべての実証主義的法理論についてもあてはまることだが、ケルゼンは特にそれについて無頓着すぎるように見える。ただしケルゼンによれば、「法を創造する慣習の要件事実の存否を決定するのは、もっぱら法適用機関である」(『純粋法学　第二版』二三〇頁)そうだから、そのような決定がなされない多くの場合、法の内容は全く不確定だということになるのかもしれない。

さらに一国内に制定法と慣習法とが共存している場合、話はもっとややこしくなる。

「慣習は、立法のように、憲法上の制度でなければならない。このことは憲法によって明示的に規定されるかもしれない。そして、制定法と慣習法との関係が明示的に規律されるかもしれない。しかし、憲法自身、全部または一部が、不文の慣習法でありうる。だから、慣習が法‐創設事実であるというのも慣習によることがありうる。もし、ある法秩序が慣習を法‐創設の一形式と定めない成文憲法をもち、にもかかわらずその法秩序が制定法のほかに慣習法を含むなら、その場合、成文憲法の諸規範に付加して憲法の不文の諸規範――それに従えば法‐適用機関を拘束する一般的諸規範は慣習によって創設されうるという、慣習的に創設された規範――が存在するに違いない。」(『一般理論』二一六頁)

結局、制定された成文憲法が法としての効力を持つかどうかも慣習の問題かもしれないのである。成文憲法だからといって、それが常に法としての性質を持つとは限らない。

菅野によると一部の法理論家は、根本規範をある規範が法秩序の要素であるか否かの判断基準として理解したということだが、このケルゼン解釈は誤りである(菅野[1988]一四四―一四八頁)。根本規範が法の内容を同定しないということはケルゼンにとっては難点でないのだろう。根本規範はあくまで法的思考の前提であって、法の具体的な内容を明らかにするものではないからである。彼は言う。

「純粋法学は、その根本規範の理論によって、法の認識の新しい方法を創始したという訳ではなく、ただすべての法律家がたいてい無意識に行っていることを意識に上がらせたにすぎない。すなわち、上述した事態［規範の設定］を因果的に決定された事実として理解するのでなく、その主観的意味を客観的な効力を持つ規範、規範的法秩序と解釈し、［……］法をもっぱら実定法として把握しているにすぎない。根本規範の理論は、実証主義的法学が従来から適用してきたようなやり方を分析した結果にすぎない。」（『純粋法学　第二版』一九七―一九八頁）

それどころか「なぜ法に従うべきか?」という一九五七年の短い論文によれば、法の究極的な妥当根拠が仮説的な根本規範だということは、法実証主義だけにあてはまるのではなく、自然法論や神学にもあてはまるとされる。

だがこのように理解された、法の内容を何ら教えてくれない根本規範には関心を持てない法学者も多いだろう。それゆえ、日本の憲法学者の中にケルゼンの根本規範の観念を換骨奪胎して、法解釈の中で（実質的な意味での）憲法の価値的な前提・原理を人権思想や民主主義に求め、それを根本規範として再解釈する人がいるのももっともである。この態度をケルゼン理論の誤解として斥けることはケルゼン研究者が陥りやすい誘惑だが、法解釈学者が持っている純粋法学とは異なった問題関心も全く正当なものである。

3　法の統一性

ケルゼンが根本規範にこだわった原因の一つには、それなしには法体系の統一性が考えられないという（誤った）想定があった。しかし上述のように、法段階説をとるとしても、国内法体系ならば、それは特定の憲法に遡ると考え、国際法体系ならば国際慣習法に遡ると考えれば、統一性は維持できる。何も根本規範に遡る必要はなかった。

だがもっと根本的には、法についてのそのような体系的理解は果たして正しいだろうか？　法が階層秩序をなしていなくてもっとバラバラな部分からできている——たとえば、ある国の中である領域では慣習法が、ある領域では特定の判例法が、ある領域では制定法が妥当している——としても、それらの間に矛盾や衝突がなければ、その国の法を認識することはできるだろう。実定法がどれだけ階層的秩序をなしているか、それともパッチワーク的な規範の集合にすぎないのかは、その社会ごとに異なる事実の問題であって、どんな社会でもきれいな統一的な体系をなしているとは限らない（なおドゥオーキンの法理論も、法を「縫い目のない網 seamless web」として見る全体論において、ケルゼン同様、法の一体性を誇張している)。

多くの社会では、少数の法律家は法体系を全体的に受け入れているかもしれないが、その住民はおおむね順法的であっても、彼らは公務員たちへの授権の規範には全然関心も知識も持っておらず、公務員でさえ大部分は自分たちに直接関係し自分たちに授権し義務を課する法規範しか知らない、ということがありそうである。この社会では、大部分の人々が法のうち自分に関する部分に従うのは、それが法秩序であるからというよりも、それ以外の道徳的な理由や自己利益的な理由からかもしれない。そして法律家が法体系全体を受け入れる理由も同様かもしれない。そのような人々にあっては、法の効力の根拠は完全に道徳から切り離されていないかもしれない。言いかえれば、法はその出自だけでなくその内容のゆえにも効力を有するかもしれない。ケルゼンは法と道徳のうち片方が他方に「委任する delegating」という形でしか、両者が規範として結びつく可能性を認めなかったが(『一般理論』五四五頁)、今述べたような一層密接な仕方で法が道徳を取り込むということは決して不可能なことではない。

次に実定法の理論としての純粋法学から離れて、道徳の領域における根本規範の意味を考えてみよう。ここでは〈規範体系の統一性〉という要請が一層無理のあるものに見える。

ケルゼンは道徳的規範(彼の用語法では「自然法」とも呼ばれる)の領域でも根本規範があると考えていた。ただし法は静的性質と動的性質とを持った体系で、そこにおいて上位の規範は授権によって下位の規範を創造するのに対して、道徳は静的な体系にとどまり、そこにおいては根本規範を含む規範は実体的なもので、下位の規範はその具体的な内容を含意しているという仕方でしか上位と下位の規範は結びつかない、と考えられている。この相違が、ケルゼンの考える法と道徳との相違の一つである（『一般理論』一九五―一九六頁）。しかし私はケルゼンと違って、道徳の体系の中でも静的構造だけでなく動的構造を認めることができると思う。たとえば個人の自律性を認める道徳は、約束によって新たな規範を創造する権限を諸個人に認めているだろう。だから結局、法も道徳も静的側面と動的側面の両面を持つことは同じである。この点でもケルゼンは両者をあまりにも対立的にとらえている（ただし『純粋法学　第二版』一九一頁では、道徳の中に動的原理が存在する可能性が認められている）。

ケルゼンはまた、法体系と同様、道徳も、単一の規範なり原理なりから効力が導き出される階層秩序とみなしている。しかしそれとは違った道徳もありうる。たとえば相互に還元できない異質な諸価値が併存し、それらの間で何らかの仕方で調整を行うという、多元主義的な道徳も考えられる。このタイプの道徳の極端なヴァージョンになると、それらの価値は根本的に共約不可能であるとさえ言われるかもしれない。そこまでいかなくても、道徳が単一の階層的秩序をなすということは、決してあらゆる道徳に言えることではない。カント倫理学のような一部の道徳哲学や宗教的道徳を別にすると、多くの人々が従うなり拘束力を感じるなりしている道徳は、多様な帰結主義的考慮や義務論的考慮やどちらにも分類しがたいような考慮が入り混じったものだろう。また一般的原理から具体的ケースへというトップダウン的思考だけでなく、個別具体的な信念によって抽象的原理を評価するというボトムアップ的な思考も存在する。

これらの多元主義的性質は、道徳の領域だけでなく、程度は小さくても法の領域にも存在する。法実証主義者が法と道徳との異質性を主張するのは正当だが、だからといってケルゼンがあれほど両者の間の相互関係や類似性を否定するのは、特定の体系的な法律観・道徳観だけを疑おうとしないからである。その法の観念はあまりに秩序づけられているために、法の理解に資するところが少ないと思われる。

4 結論

ケルゼンの純粋法学は、裁判官に代表される国家機関の視点から見た法を、社会的経験や道徳的考慮から独立に抽出して整理したものである。それはその限られた目的の中では、あたかも法の本質的特徴であるかのようにみなされがちな制度や観念の多くが特定の目的や価値に結びついているということを示し、法の段階的構造や裁判の法創造的機能を説明するなどかなりの成功を収めた。ただ段階構造の前提として持ちだされた「根本規範」という独自の有名な観念は有害無益だった。

私は純粋法学の中に、いくつもの価値ある発想や議論を見出す――それらに必ずしも賛成できないとしても。また私は純粋法学が根本規範において事実のモメントを持ち込んでいるために「破綻している」というありがちな批判〈それに対する反論として、長尾［1999］三一七―三二七頁〉にもくみしない。

私は次の章で検討するハートの法理論ほどではないが、ケルゼンの法理論を基本的に高く評価している。私は根本規範という概念をはじめ純粋法学のいくつかの要素に対する批判を行ったが、その批判は内在的なものであって、〈ケルゼンが標榜したような価値中立的な法理論をとるとしても根本規範の仮説やその他の主張は無用だ〉という趣旨である。純粋法学に関する賛否の議論の多くは根本規範の観念についてのものだが、私の見るところでは、根本規範なき純粋法学は可能であり、また改善でもある。

純粋法学が法規範の諸要素の整理と体系化に努めたことは、ちょうど二十世紀初頭のアメリカの法学者ホーフェルドが「基本的な法的諸概念 Fundamental Legal Conceptions」の図式によって法的な権利義務関係を整理し体系化したのと軌を一にしている。ホーフェルドの業績は英語圏の法学の中で広く受け入れられたが、ケルゼンの純粋法学も法解釈学の中では憲法学と国際法学の領域である程度利用されている。

だが純粋法学の関心と違って、法を社会的な制度や実践として考察しようとか、法によって正義その他の価値や目的を実現しようといった関心を持つ人たちから、純粋法学は「〈確かに法にはそういう面もある〉という程度のものにすぎない」とあっさり片付けられてしまうのはやむを得ないところがある。

ケルゼンはたとえば、義務や権利が帰属（zuschreiben; attribute）される法人格としての国家は法という強制秩序の人格化だから、国家とは法秩序と同じもので、すべての国家は法治国（Rechts-Staat）であると言う。しかし「国（家）」というものをそのように理解することができるとしても、別の仕方で——国民である人々の生身の集合とか、特定の歴史と文化と土地からなる存在とか、合法的に暴力を独占する人間集団とかいったふうに——理解することもできる。そしてたとえば多くの日本人が愛着や忠誠心、帰属感、嫌悪、反感を感じてきた日本とは、大日本国帝国憲法や日本国憲法を頂点とする国法秩序のことではなく、日本の社会や文化のことなのである。法解釈においても、国家を法秩序にとどまらない側面を含む存在としてとらえることが可能だし、おそらく必要でもあろう。

また〈あらゆる法は国家法だから公法と私法の区別は相対的なものだ〉とか、〈違法な行為だから処罰されるのではなく、処罰されるからその行為は違法とされるのだ〉といったケルゼンの主張に対して、法律家や法学者は〈ケルゼンが批判するそのような法学上の区別や主張は、法の適用・解釈においてある実践的目的を果たすために役立つのだから、それらが純粋法学上は認められないとしても一向に差し支えない。ケルゼンによる批判は法的概念の存在理由を無視した的外れなものである。むしろこれらの概念を説明できないということは純粋法学の欠点だ〉と返答できる。

ケルゼンの純粋法学は法哲学の歴史の中で無視できない、独創的で一貫した理論だが、法現象を社会的現実や目的や道徳的価値との関係で検討しようとする多様なアプローチを意図的に斥けたために、その積極的な意義は限られたものにとどまった。

文献解題

本章の2・3節は、
・森村進［2011］「根本規範という概念は有用か?」『一橋法学』第10巻第3号
を利用している。

ケルゼンの純粋法学を代表する著作は、
・Kelsen, Hans［1934］*Reine Rechtslehre*, Leibzig and Vienna: Franz Deuticke.［横田喜三郎訳『純粋法学』岩波書店、一九三五年］
・Kelsen, Hans［1945］*General Theory of Law and State*, Cambridge, Mass.: Harvard University Press.［尾吹善人訳『法と国家の一般理論』木鐸社、一九九一年］
・Kelsen, Hans［1967］*Pure Theory of Law*, Berkeley and Los Angeles: University of California Press.［長尾龍一訳『純粋法学　第二版』岩波書店、二〇一四年］

である。その中で一番古い初版『純粋法学』は、純粋法学を簡潔に体系化したもの。それに対して後の二冊ではるかに詳細に彼の法理論を展開しており、『純粋法学　第二版』は彼の法理論の最終形態といえる。この三冊のそれぞれに異なる構成と内容の本格的な比較検討は、少なくとも私の知る限り日本語ではなされていない。その一因は、純粋法学の主張がこれらの書物の中で基本的に大きく変化していないと考えられているからだろう。

しかし初版と第二版の『純粋法学』の間に書かれた『法と国家の一般理論』はどちらにもない特長を持っている。それは第一に、英語圏の読者を念頭に置いた論述が多く、「本来ローマ法系諸国の諸問題・諸制度をめあてに書かれていたこの理論に、英米法の諸問題・諸制度をも包括させるような表現を与えた」（五頁）ということ、第二に、「規範的および社会学的法律学」という一章をもうけて他のさまざまな法理論の批判的検討を加えたことと、そして第三に、比較的初期の大著

・Kelsen, Hans [1925] *Allgemeine Staatslehre*, Berlin.［清宮四郎訳『一般国家学』岩波書店、一九七一年］

で詳論されていたような国法学的論述が充実していることである。それだけに『法と国家の一般理論』の邦訳が長い間品切であることは惜しまれる。

従って純粋法学を詳細に理解するためには前記の三冊を読むのが理想だが、最初にケルゼンの著書を読もうとする読者は、まず短い『純粋法学（初版）』を細部にこだわらず通読して、その理論の概要をつかむのがよい。ケルゼンの著作はカント哲学から大きな影響を受けていて、存在と当為の峻別、認識における「先験的」なるものの先行といった発想法に読者が慣れないとはいりこみにくいし、文体もくどい上に堅苦しい（本文で彼の文章をしばしば引用したのは、その特徴を読者に

実感してほしかったからでもある）。したがって最初から後の二冊のような大著に取り組んでも、なかなか最後まで読み進めないからである。

法の一般理論である純粋法学以外の領域でもケルゼンの著作は多く、翻訳も少なくないが、現在入手しやすいのは、長尾龍一が編集して大部分を訳した

・**『ハンス・ケルゼン著作集』（全六巻）信山社**

である。本文に引用した論文「自然法論と法実証主義の哲学的基礎」と「なぜ法に従うべきか？」はともにその第Ⅲ巻『自然法論と法実証主義』（二〇一〇年）に収められている。

長尾は現代日本のケルゼン研究の第一人者で、純粋法学に関する重要な論文は、

・**長尾龍一［1999］『ケルゼン研究Ⅰ』信山社**

・**長尾龍一［2013］『ケルゼン研究Ⅲ』慈学社**

の二冊に収録されている。

本文の中に引用した、純粋法学に対するハイエクの批判は、

・**ハイエク［1987］『法と立法と自由Ⅱ――社会正義の幻想』（篠塚信吾訳）春秋社（原書は一九七六年）第8章**

の中などに見られる。ハイエクは晩年の社会哲学の著作の中で、ケルゼンを「法実証主義のイデオロギー」の代表者として飽きることなく槍玉に挙げたが、「熟慮の上で作られた法だけが現実の法である」というハイエクの法実証主義理解は狭すぎるし、ハイエクは「法の支配」という表現に現われているような〈よき法〉を論じているのに、ケルゼンなどの法実証主義者はよかれあしかれ現にある（あった）法を論じているのだから、ハイエクの批判はケルゼンの政治思想には妥当しても、

純粋法学については的外れである。
　ラズの「法律家のパースペクティヴ」という表現は、

・ジョゼフ・ラズ［1994］『権威としての法』所収「法の性質に関する問題」［初出1982］（山崎健仕訳）勁草書房

の中に見られる。ラズはこの論文では純粋法学のアプローチに批判的なようだが、彼は実際には〈規範体系としての法〉というケルゼンの発想を批判的に発展させる理論家の中で、今日一番重要な法哲学者である。この領域でのラズの著書

・Raz, Joseph [1980] *The Concept of a Legal System*, Second edition, Oxford: Oxford University Press.［松尾弘訳『法体系の概念――法体系論序説　第2版』慶應義塾大学出版会、一九九八年］

は幸い邦訳されているが難解である。
　大塚滋の「〈権威〉の内側の視点」、「裁判官の視点」という表現は、

・大塚滋［2013］『説き語り　法実証主義』「第1講　ケルゼン純粋法学」成文堂

にある。この本は純粋法学に関するわかりやすく詳細な検討を含んでいる。ただし大塚は、この「〈権威〉の内側の視点」は「法の静態理論」だけの特徴で、「法の動態理論」では「外側の視点」が採用されている、と述べるが、その解釈には従えない。「動態理論」は法の授権と適用・執行に関する理論であり、そこでの主体である法執行機関（その中には行政庁だけでなく裁判所も含まれる）は、やはり「〈権威〉の内側の視点」をとっているからである。

　本文中引用した菅野の書物は、

・菅野喜八郎［1988］『続・国権の限界問題』木鐸社

である。

ハートの『法の概念』と『法学・哲学論集』については、次の章の文献解題を見よ。何度もケルゼンと比較したドゥオーキンの法理論については後述第5章を見よ。"seamless web" としての法という観念は、論文「ハード・ケース」に出てくる。

本章の最後に引用した「〈確かに法にはそういう面もある〉という程度のものにすぎない」というのは、

・笹倉秀夫［2007］『法思想史講義　下』東京大学出版会

一九九頁が与える評価である。

第4章

H・L・A・ハート——開かれた問題群

1　主要な業績

H・L・A・ハート（Herbert Lionel Adelphus Hart 一九〇七―九二）は二十世紀のもっとも重要な法哲学者である。彼はユダヤ系イギリス人の家庭に生まれ、オックスフォード大学でギリシア・ローマの古典と哲学を学んだあと、一九三二年から衡平法（equity）専門の弁護士を務めたが、第二次大戦中は陸軍省情報局に勤務し、戦後は研究者としてオックスフォード大学に戻り、フェローや講師を務めた後、一九五二年から六八年までオックスフォード大学の法理学教授を務めた。教授退任後も晩年まで研究活動を続けたが、その少なからぬ部分は、オックスフォードの彼の教授職の後継者であるロナルド・ドゥオーキンの批判に応答することにあてられた（ハート＝ドゥオーキン論争については次の章で触れる）。

ハートは最初期の論文「責任と権利の帰属」（一九四九年）や教授就任講義「法理学における定義と学説」（一九五三年）で、オックスフォード大学の同僚である哲学者J・L・オースティン（一九一一―六〇）が開拓した「言語行為論 speech act theory」の発想を法理論に導入して、当時無風状態に近いように見えたイギリスの法哲学界に新風を巻き起こした。オースティンは、〈発言＝言明の中には、真であるか偽であるかが決められるような記述である「事実確認的 constative 言明」だけでなく、命名や誓約や命令のように、発言自体が行為である「行為遂行的 performative 言明」もある〉と指摘した。初期のハートはこの発想を発展させて、法的言明はすべて誰かに法的権利や責任を帰する（ascribe）行為遂行的発言だと考えたが、後にはこの「帰属主義 ascriptionism」と呼べる主張の行き過ぎを撤回した。法的言明の中には単なる記述もあるからである。ハートはまた法的言明が「阻却可能性 defeasiblity」を持つという主張も行った。詐欺とか脅迫といった事情があれば、法的言明は偽になるのではなしに、無効になったり取り消されたりするというのである。この指摘は、〈法的ルールは例外を容れるが、そのような事情がなければデフォルトで適用されるものである〉という趣旨だと理解できる。

オースティン自身はその後、あらゆる言語行為に事実確認的要素と行為遂行的要素とが併存していると考えるようになって、同一の発言の中に「発語行為 locutionary act」（「事実確認的言明」はこれに含まれることになる）と「発語内行為 illocutionary act」（「行為遂行的言明」に大体対応する）と「発語媒介行為 perlocutionary act」という三つの側面を見出すに至るのだが、ハートの言語行為論の理解は後期オースティンのこの発展形を取り入れずに終わった。それはハートの法理論上の目的にとっては〈事実確認的言明／行為遂行的言明〉という単純な二分法で十分だったからかもしれないし、後期オースティンの言語行為論は法的言明の独自性（ルール依存性）を曖昧にしてしまうと思ったからかもしれない。

ハートはまた一九五八年以降、「法内在的道徳 internal morality of law」の存在を唱えるアメリカの法哲学者ロン・フラーと「法実証主義対自然法論」論争を続けた。フラーは法的ルールに内在する道徳性として、①一般性、②公示、③非遡及性、④理解可能性、⑤無矛盾、⑥実行可能性、⑦相対的な恒常性、⑧ルールの公布と適用の一致、という八つの指針をあげたが、ハートは〈それらの指針は道徳というよりも効率性に関するもので、ナチスドイツのように道徳的に邪悪な法とも両立する〉と反論したのである（この論争のハート側の主張は後述第2節の最後近くで紹介する）。

しかしハートの名が国際的に知られたのは、何といっても一九六一年にClarendon Law Seriesの一冊として『法の概念』が刊行されてからである。本書によって法哲学は世界的に新しい段階にはいった。この本が行った従来の法実証主義に対する多様な批判は広く受け入れられた。そしてハートが提起した「一次的ルールと二次的ルール」、「内的視点と外的視点」、「承認のルール」、「法の開かれた構造」、「自然法の最小限の内容」といった観念は他の理論家たちによってさらに発展されることになった。

ハートの業績は『法の概念』に代表される法哲学の一般理論にとどまらず、政治思想、刑法理論、因果関係論、ジェレミー・ベンサム研究など多岐にわたる。特にその中で法哲学者が論ずることが多いのは「法的権利」という論文である。彼はそこで法的権利を「法によって保護された選択の権限」として理解する選択説（よく似ている「権利の意志説」の改良版）を提唱して、「法によって保護された利益」と解する利益説を斥けた。選択説は普通の財産権にうまくあてはまり、権利者が法的にいわば小さな主権者であるという事情を表現するものだが、「子どもの権利」や譲渡できない権利については利益説の方が親しみやすいので、論争は今も続いている。だが本章では『法の概念』の内容だけを紹介・検討し、その中の重要ないくつかのテーマを詳しく論ずる。

ハートは言語行為論を別にしても日常言語学派の方法を用いて、人々の日常的な言語使用に注目し、その中に見られる発想を整理した。この特色はたとえばオックスフォードの同僚の法学者A・M・オノレとの共著『法における因果性』の中で顕著である。彼らは、自分たちが支持する何かの哲学的あるいは科学的な因果関係 causation 観念に基づいて法学・法実務における因果関係の理解を批判しようとしているのではなくて、逆にコモン・ローとヨーロッパ法の判例で、それがどう用いられてきたのかを丹念に解明しようとしているのである。またハートは論文集『刑罰と責任』の序論において、責任 responsibility という言葉が法的ディスコースにおいて少なくとも四つの意味——負担としての責任、役割としての責任、因果的原因としての責任、能力としての責任——で用いられていることを指摘し、それらの間の混同を戒めるとともに、相互関係を説明した。

『法の概念』の中でも、「せざるをえなかった was obliged」と「責務を負っていた had an obligation」という一見似た表現の間の意味の相違が、責務＝義務という観念の性質を明らかにする手掛かりとして用いられている（『法の概念』訳書九一—九二頁。以下断りのない限り、本章の引用はこの訳書からのもの）。

これらはいずれも法学への貴重な貢献だが、ハートの法哲学の方法は日常言語学派のものにと

どまるものではない。彼は『法の概念』の「序文」で、

「本書は分析にかかわっているが、また記述社会学 descriptive sociology の試論と考えられてもよい。言葉の意味に関する研究が言葉を明らかにすることだけだと考えることは誤っているからである」(iii頁)

と書いているし、また「日本語版への序文」の中で、

「うちあけて申しますと、本書の執筆にあたって私は、これまで無視されてきたさまざまな法の諸側面を区分し識別するために、私が与えたような意味ではイギリスの理論家たちによって普通用いられなかったようないくらかの表現を考案する必要があったわけです。」(v頁)

とも言っている。このようにハートの法哲学方法論は多元的だが、そこに共通するのは、法にかかわる現象を社会的な事実として見る態度である。

2 『法の概念』

ハートの論述の特色

『法の概念』を代表とするハートの法哲学研究は、古代ギリシア以降の西洋哲学と英米法思想、法社会学に関する該博な知識によっても裏付けられた法現象への洞察に満ちている。だがその重要さにもかかわらず、『法の概念』は体系的な本ではないし、全巻にわたって単一の主題を追求しているわけでもない。

ハートはむしろこの本を学生のための教科書として書いた。その序文は、

「本書における私の目的は、異なっているが関連しあった社会的現象としての法、強制、道徳の理解を促進することである。本書は主として法理学を学ぶ者のために書かれているが、法よりはむしろ道徳哲学、政治哲学、あるいは社会学に関心を持つ人にも役立つことを願っている。」(iii頁)

と、想定された読者層と執筆目的を明示する文章から始められている。しかしそれにしても、この本で取り上げられる「異なっているが関連しあった」トピック間の関係は一見して明確とは言えない。ハートの議論の仕方も、ある意味では場当たり的な無手勝流に見える。彼は考察の対象の説を批判してから積極的に自説の開陳に移るものの、彼自身の用語法や概念は読者が十分満足するほどには明確にされない。オースティンやライルなど当時のイギリスの日常言語学派の著作一般に言えることだが、ハートの文章はほとんど専門的な術語を用いずに知識人の日常用語で優雅に書かれており、翻訳では伝えにくい微妙なニュアンスに富んでいる。そのことは、『法の概念』が英語圏で専門的な法学者でない一般読者にも広く読まれてきたことの一因になっている。しかし『法の概念』は、読者が読み進んでいる間は平明で取りつきやすく感じられるのに、読み終わってから、著者ハートは全体として何を言いたかったのかと反省してみると、よくわからない点がたくさん残るのである。

この点でハートの文体はケルゼンの文体と大きく違う。ケルゼンの著作の中にはよほど彼の思想に通じていないと全く歯が立たないような極めて難解な文章もよくあるが（そして私は前の章ではそのような文章を無視したが）、純粋法学の大まかな全体像をつかむことはあまり難しくはない。一方『法の概念』は、個々の文章は特別難解ではないが、それらを統一的に理解することが難しい。また両者の方法論的立場も違う。二十世紀初頭ドイツ語圏の新カント派哲学の中で育ったケルゼンは、事実と価値（あるいは規範）の峻別といった方法論を正面に打ち出すが、ハートは前述の〈日常言語の入念な分析〉や〈言語行為論〉といった方法を使っていても、それはオースティンがしたような鮮明なプログラムにはなっていない。

だから『法の概念』を読むにあたっては、最初に全体の簡明な見取り図を持っていた方が楽だろう。私の解釈によれば、それは次のようなものである。――ハートはベンサムとジョン・オースティンに始まるイギリスの分析法理学の伝統に広い意味では連なる者だが、彼らの素朴なタイプの法実証主義には不満で、より洗練された法実証主義を提唱した。『法の概念』を構成する全10章のうち、第1章は導入のための問題提起、第2―4章はオースティン風の法命令説の広範な批判である。第5・6章は『法の概念』の理論的な中核をなすもので、法命令説に代わるべきハート自身の理論が提起される。それ以後の第7―10章は各論的な考察であり、その中には第7章と第10章のように本論の補論・応用編として読めるものもあれば、道徳に関する第8・9章のように独立性が強いものもある――。以下おおむね各章の順序に沿って『法の概念』の内容を見てみよう。

「繰り返し見られる三つの論点」

ハートは第1章「執拗につきまとう諸問題」の冒頭で、これまで高名な法理論家たちが「法とは何か」という問いに対して提出した答えをいくつかあげて、それらが相互にかなり異なり、また逆説的にも見えるということを指摘する。だがハートによれば、法の性質に関する議論の中には「繰り返し見られる三つの論点」（第1章第2節の表題）がある。ハートはこの三つをいろいろなしかたで表現するが、それは結局、

「①法は威嚇を背景とする命令とどのように異なり、またどのようにかかわるのか。②法的責務は道徳的責務とどのように異なり、またかかわるのか。③ルールとは何か、またどの範囲で法はルールの問題であるのか。」（一五頁。引用にあたって番号をつけた）

というものである。単純化して言えば、①は法と威嚇・強制の関係、②は法と道徳の関係、③は法とルールの関係ということになる。

だがこれは中立的な叙述だろうか？　②の法と道徳の関係が法理論の中心的な問題として論じられてきたことを否定する人はいないだろう。しかし残りの二つについてはそうは言えない。①の法と強制の関係は、たとえばオースティンでもケルゼンでも、論じられるのではなくて、当然視されてきた。昔から法実証主義陣営では、法は本質的に強制的命令だと考えられてきたのであって、それに疑いをはさむのは自然法論者だった。③が「繰り返し見られる論点」だというハートの主張はもっと疑わしい。彼以前にルールという概念に（ハートとは違った仕方で）焦点を当てようとした法理論家はスカンジナヴィアとアメリカのリアリズム法学者くらいしかいなかったからである。①と③の論点は従来の法哲学一般ではなく、ハート自身の問題関心を反映している。

彼は『法の概念』において、法と強制的命令との結びつきの過大評価に反対し、ルールという概念をこれまでよりも適切に分析しようとしているのである。

法命令説の批判

ハートは次の短い第2章「法と命令」でジョン・オースティンの〈法とは一般的服従を受けている主権者 **sovereign** の強制的命令である〉という、素朴な法命令説 **command theory of law** を紹介したあと、その批判にはいる。

法命令説は刑法を法の典型としてイメージする人々の間では今も受け入れられているが、それには次のような欠点がある。まず法の適用範囲について言うと、刑法も含めて、法は国民＝臣民だけでなく立法者自身に対しても適用される（第3章第2節）。また法の起源の態様について言うと、法は意識的な立法によって創造されるだけではなく、自生的な慣習としても発生しうる。命令説論者は、〈慣習の法としての資格は主権者の黙示の命令に由来する〉と答えるかもしれないが、その回答は強引である（同上第3節）。

だがハートがこの二種類の批判よりも詳細に述べるのは、〈命令説は法の多様なタイプをむりやり統一しようとしている〉というものである。あらゆる法が命令説の言うように、国民に制裁の威嚇つきの義務（duty）あるいは（ほぼ同義語だが）責務（obligation）を課するわけではない。たとえば遺言や契約、婚姻を有効に行う方法を定めるルールがそうで、これらの法は義務を課するのではなしに、法的関係を形成する権能（power）を私人に付与しているのである。これらの私法のルールに従わないとその行為は無効とされるかもしれないが、それだからといって、その行為が禁止されていることにはならない。無効という消極的な効果あるいは効果の不存在は、制裁ではない。

もっともケルゼンは権能付与ルールを真の法ではないと考えた。彼によれば、法の第一次的規範は公機関に対して一定の条件の下で制裁を科することを要求しているものである。〈殺人を禁止する法が存在する〉と述べるのは不十分で、正確には〈人を殺した者には特定の刑罰を加えるべし〉という規範だけが存在するので、殺人を禁ずる法はそこからの派生物にすぎない。同様にして、ケルゼンは私法の権能付与ルールを、裁判所がさまざまな制裁を科するための条件節へと還元する。しかしこの見方は統一的な説明を与える一方で、社会の中で現に権能付与ルールと義務賦課ルールが果たしている役割の相違を無視するものである。それはちょうど、野球のルールを選手に向けられたルールではなしに、すべて審判とスコアラーに指令したルールであるとみなすようなものである――。ハートはこのようにして、オースティンの命令説を批判するついでにケルゼンの法概念も批判する（第3章第1節）。

次にハートは、命令説が前提している、国民の服従の習慣 habit of obedience という観念、さらに〈法的に制限を受けることのない法的に全能の主権者〉という観念が法の存在にとって必要ではなく、それどころか不十分かもしれない理由を述べる。まず前者について言うと、特定の人物である主権者への服従という観念では、〈主権者の死後もその国は無法状態に陥るわけではなく、新しい主権者が主権を継承できる〉という「法の継続性」を説明できない（第4章第1節）。〈はるかに昔に死んだ主権者が制定した法も、現在の主権者の制定した法と同様に有効だ〉という「法の永続性」も同様である（同上第2節）。〈法的に無制限な主権者〉という観念に移ると、そのような主権者がいない法体系も十分ありうるし、むしろ現代世界ではその方が普通である。なぜならある立法者なり立法府なりがその法体系の中で最高の立法的権威であっても、その権威は憲法のルールによって制限されているかもしれないからである。その権限を超えた立法は無効である（同上第3節。しかしケルゼンならば〈その立法も取り消されるまでは有効なのだ〉と言うところだろう）。

さらに現代の民主主義国家で立法府の背後にある主権者だと言われることのある選挙民は、絶対君主と違い、服従の習慣によってではなく、憲法的ルールによってはじめて主権者という資格を与えられる。主権者である選挙民が誰であるかは、憲法的ルールから独立に決まっているわけではないからである。そしてその憲法的ルールが誰かの命令である必要は何もない。また立法の権限に制限があるということも、選挙民が主権者の場合にも同様にあてはまる（同上第4節。ただしそのようなルールの内容が確定しているとは限らない。第7章第4節の「承認のルールの不確定性」に関する議論を見よ）。

ハートの主権者論によると、憲法学でいう主権、特に「憲法によって組織された権力 **pouvoir**

constitué」と区別された「憲法制定権力 pouvoir constituant」は、法的な概念ではなくて、事実上の力にすぎない、ということになるだろう。

内的視点と外的視点

これまでハートが批判してきた法命令説の基盤には、「法」という言葉は単一の社会現象を支持しているという発想があった。しかし実際には、他の多くの日常用語と同じく、「法」は外延の境界が曖昧である（たとえばマリノフスキが調査したトロブリアンド諸島の住民の社会慣習は「法」か？）だけでなく、そもそも異なったカテゴリーにまたがって用いられているかもしれない。さらに、法的言明の発言者は社会的な事態を指示したり記述したりするのではなく、むしろ法のルールに訴えかけることによって相手方に何らかの規範的な要求をしたり、自分の行為を正当化したりすることが多い。ここでJ・L・オースティンの「言語行為論」の発想が役に立ってくる。

法の効力（validity）を命令説のように主権者への服従の習慣によって説明することが間違っているならば、いったい何によって説明すべきだろうか？　ハートによると、それはルールの受容＝容認（acceptance）によってである。しばしば指摘されることだが、ハートはルールという概念をどこでも十分明確に説明していない。また彼自身、ルールの概念は人を当惑させるという理由で、法をある種のルールとして定義することは「法についてのわれわれの理解を進めない」（一七頁）と言っている。

だがともかく、習慣とルールとは似て非なるものである。両者はともに集団の大部分のメンバーが実行するものではあるが、習慣が単なる行動の一致であるのに対して、ルールの場合は、そこからの逸脱が非難され、その非難が多くの人々によって正当とみなされる、という相違がある。ハートはこの特徴を、ルールは観察可能な画一的行動としての「外的側面（external aspect）」だけでなく「内的側面（internal aspect）」も持っている、と表現する。ルールを受け入れている人々は、それを人々が従うべき基準とみなし、それを前提として要求・批判・正当化などの規範的発言を行っているのである（六一―六七頁。また九一―一二頁も参照）。

義務や責務という観念も、ルールを引き合いに出すことで解明される。義務に関する言明は、それに従わないものが制裁を受ける蓋然性についての予測でもなければ、義務を負う者が感ずる心理的圧力についての報告でもない。現に、制裁をうまく逃れてしまった者についても、彼らが義務を負っていると述べるのは正当である――もっともそのルールからの逸脱に対する社会的圧力がなければ、人々はそのような言明を行わないかもしれないが。ハートはルールを受容する人の視点を「内的視点（internal point of view）」と呼び、そこからの言明を「内的言明（internal statement）」と呼ぶ。その反対が「外的視点」と「外的言明」である。この両者の視点を共に考慮することによって、法現象の複雑さが初めて正しく理解される（第5章第2節）。

かくして「法は規範か事実か」という難問に対して、この概念を使えば〈外的視点からは事実であり、内的視点からは規範だ〉と答えることができる。なお以上の説明で述べたように内的言明の中には非難や請求などが含まれるのだから、「内的・外的」の区別は「内心の状態・外に現われた行動」という区別ではない。それは制度の内か外かの違いである。

先回りすることになるが、〈法とは単に裁判の判決とその予言からなっているにすぎない〉とする「ルール懐疑主義 rule-scepticism」（一九三〇年代のアメリカで有力だった法リアリズムとほぼ同義）に対するハートの批判も、その説は法実証主義と同様、法律家の内的視点を無視しているという趣旨だと解釈できる。——確かに裁判官は最終的な司法的決定の権限を持っているが、だからといって法に関する内的言明は判決の予測ではない。裁判官自身が法的ルールを自らの従うべき基準とみなしているだけではない。私人も内的視点をとって法的ルールを自分で利用しているのである（第7章第2・3節）。

ハートによれば、法的ルールは確定した中核 core だけでなく、その周辺に不確定な半影 penumbra を持っている。後者の領域に属する事件では、裁判所が対立する利益をはかりにかけて裁量によって法を創造することが認められるため、法は「開かれた構造 open structure」を有する。形式主義（ドイツや日本でいう「概念法学」の英米法版）はこの開かれた構造を無視して、ありもしない確実性を法の中に見出そうとした（第7章第1節）。逆にルール懐疑主義者たちは周辺の事件にばかり注意を集中して、法の中心的な部分ではルールに従った裁判所の法適用があることを見逃してしまったのである（一六八頁）。

このようにハートの『法の概念』の中では法的推論の問題は副次的なテーマにとどまるし、そもそも彼は裁判官が法をどのように解釈しているかを論じているだけで、いかに解釈すべきかを論じているわけではないのだが、この点におけるハートの司法的裁量権論を批判して、〈ハード・ケースにもただ一つの正答がある〉と批判したのが次の章のロナルド・ドゥオーキンである。

一次的ルールと二次的ルール

ハートによると、法が存在する社会をそれが存在しない原始的な社会から分かつものは、「一次的ルール primary rules」と「二次的ルール secondary rules」の結合である。原始的な社会は一次的ルールしかない単純な社会なのである。ハートは命令説批判の際に義務賦課ルールと権能付与ルールを区別したが、一次的ルールと二次的ルールは最初この二種類のルールと同一視される（第5章第3節）。

だがハートによるこの二分法は明快なものではなく動揺している。彼は権能付与ルールを二次的ルールと呼ぶだけでなく、一次的ルールに関するルール一般を二次的ルールと呼ぶこともあれば（そうすると二次的ルールに言及するルールは三次ルールということになるのか?）、以下で述べる三種類のルールだけを二次的ルールと呼ぶこともあるからである。そこでたとえば、私人が契約や遺言によって法的関係を作り出す私的権能付与のルールがどちらに属するのかは明らかでない。

なおいずれにせよ一次的ルールと二次的ルールの区別はケルゼンの第一次的規範と第二次的規範の区別とは別物である。またそれは以前から日本の法学でなされてきた「行為規範」（ケルゼンの第二次的規範に大体対応する）と「裁決規範」（第一次的規範に大体対応する）の区別と重ね合わされることがあるが、根本の発想が異なることもあり、両者はきれいに一致しない。ハートの一次的ルールは行為規範に属するだろうが、裁決規範の面も持つ。そして二次的ルールについてみると、後述の裁定のルールの一部は裁決規範だろうが、それ以外は裁決規範でも行為規範でもない第三のタイプである「組織規範」（ケルゼンの純粋法学では独立した規範とは認められない）に分類するのが自然である。また契約法のような私人への権能付与規範は、ハートの分類でも、「行為規範／裁決規範／組織規範」の三分法でも、どこに属するのか明確でない（ハートがそれを一次的ルールに含めている個所もあれば、後述の変更のルールの一種としているらしい個所もある。一〇六頁と一四九頁を比較せよ）。

ハートは二次的ルールの発生について次のように書いている。――暴力の行使や盗みなどを禁ずる義務を課すような一次的ルールだけからなる原初の社会は想像できるし、現実に存在する。しかしそのような社会は、十分に強い内面的な絆で結ばれていなければ欠陥があるだろう。第一に、そこではその集団が使っているルールが何であるか確認できないので、それに関する疑いを解決できない。第二に、その社会のルールは静的で、社会状況の変化に対応できない。極端な場合、個人の義務の移転や免除さえも不可能かもしれない。第三の欠陥は、ルールを維持する社会的圧力の散漫さゆえの非効率性である。ここにはルールが侵害されたか否かの紛争を権威的に解決する機関が存在しないし、そのことと関係して、ルール違反に対する制裁を専門に行う機関も存在しない。
これらの欠陥はそれぞれ次の二次的ルールによって癒される。まずルールの不確定性に対しては、その確認の基準である「承認 recognition のルール」が導入される。その単純な例は、古代ローマで権威ある法のテクストとして十二表法が公布されたことである。だが発展した法体系では、承認のルールは複数の異なった法源を同定 identify したり、それらの間の優劣関係を定めたりする。たとえば〈制定法は先例に優越する〉といったものである。第二にルールの静的性質に対しては、法の制定・改廃の手続を定める「変更 change のルール」が導入される。第三にルールの非効率性に対しては、司法的権能を与える「裁定（裁判）adjudication のルール」が導入され、さらに公的制裁に関するルールも設定されるに至る。変更のルールと裁定のルールは、ルールを同定する限りで、承認のルールでもありうる。

「もしわれわれが責務の一次的ルールと承認、変更、裁判の二次的ルールの結合から生じる構造に立ち戻り、それを考えてみるならば、明らかにここでわれわれは法体系の核心をつかむだけでなく、今まで法律家や政治理論家を悩ましてきた多くのものを分析するための非常に強力な道具を持つことになるだろう。」（一〇七頁）

と言って、ハートは珍しく自分のアイディアを遠慮なしに自慢する。法をそのような二種類のルールの結合体として見ることによって——そして前述の内的視点を参照することによって——法源とか裁判とか立法とか法の効力とかいったさまざまな法的概念を十分に解明することができる、というのである。

承認のルール

ハートは続く第6章「法体系の基礎」で、法体系の中でも特別の地位を占める承認のルールを検討する。そこからは彼がケルゼン風の法段階説を受け入れている一方で根本規範の観念を排していることがわかる。

ハートによると、承認のルール以外のすべての法的ルールの効力は、それより上位の別のルールを基準として確認される。たとえば行政庁の命令は特定の法律の委任に基づいているので妥当しており、その法律は憲法の定める立法手続に従って制定されたから妥当している。しかし承認のルール自体は、そのような効力基準をもはや持たないという意味で究極のルールと言える。このことから、承認のルール自体の効力はもはや証明できず「想定」されているだけだ、という人もいるが、これは適切でない。なぜなら承認のルールは、その下にある法を受容している人々が実際に受容し利用しているルールだからである。

「承認のルールは有効でも無効でもありえないのであって、この仕方で「他のルールに効力を与えるように」用いることが適当であるとして単に容認されているのである。承認のルールの効力は「想定されるが証明されえない」と曖昧に言うことによってこの単純な事実を表現することは、メートルによるすべての測定の正しさを究極的に決めているパリのメートル原器が、それ自体正しいことは想定できるが決して証明できないと言うのと同じことである。」(一一八―一一九頁。当時はまだメートル原器がメートルの基準だった)

承認のルールの存在は事実問題であって、この点がこのルールとよく似ているケルゼンの根本規範との相違である。承認のルールの特色は他にもある。

「法体系の日常的営みの中で、その承認のルールがルールとして明示的に定式化されることはめったにない。[……]承認のルールは、大部分言語化されないが、その存在は裁判所や他の機関あるいは私人やその助言者が特定の諸ルールを同定していく仕方の中に示されている。」(一一〇―一一一頁)

承認のルールがめったに定式化されないということは、不文憲法のイギリスの特殊事情ではない。今の日本を例にとれば、次のように言えるだろう。――〈大日本帝国憲法は天皇を主権者としていたから、その七三条の改正手続によって日本国憲法を制定したことは、憲法改正権の限界を超えるので無効である。従って今でも帝国憲法が効力を有する〉という考え方も、〈主権者の変更は憲法改正権の枠外にある〉という有力な見解をとるならば理論上可能である。しかし今の日本では日本国憲法とそれに基づく法体系が妥当している。なぜなら日本人の大部分、特に公務員は日本国憲法を受け入れていて、大日本帝国憲法を受け入れていない、という明白な事実があるからである。しかしこの事実自体はいくら憲法の文言を読んでも確認できるものではなく、それどころか意識して述べられることさえ少なく、むしろ法的発言の当然の前提になっているのである。それはちょうどわれわれ日本語を話す者が、意識することなく日本語の文法に従っているようなものである。

このように承認のルールの受容が自覚的でないことを重視して、それを意思主義ニュアンスなしに「認定のルール」と訳すべきだとする論者もいる。その主張にも理由はあるが、ルールを **recognize** するとは、そのルールを基準として用い、自分だけでなく他の人々の行動をそれによって批判したり要求したりすることを含むのだから、たとえ意識されていなくても、そこには規範的なコミットメントがありそうである。

以上の解説では、ハートによると法が妥当しているためにはそれが受容されていることが必要だ、と述べた。しかしハートの実際の議論はもっと慎重である。彼は法体系の存在の必要十分条件は、①公機関が公的権能についての二次的ルールを内的視点から受容し、そして②動機が何であれ、一般人が一次的ルールに服従していること、この二つだけだと考える。つまり法体系が成立するために、一般人は二次的ルールを知っている必要もなければ、一次的ルールを受容する内的視点を持っている必要もないのである。極端な場合には、内的視点をとる者は公機関だけに限られているかもしれない（六七―六八、一二二―一二七、二一九―二二〇頁）。「このような状態にある社会は悲惨にも羊の群れのようなものであって、その羊は屠殺場で生涯を閉じることになるであろう。しかし、そのような社会が存在しえないと考えたり、それを法体系と呼ぶのを拒否する理由はほとんどないのである」（一一七頁）とハートは書いている。

さらにハートは後年一九八七年に行われたインタビューに書面で答えて、『法の概念』の中で書き直せるものならそうしたい一番重要な個所は第5章第2節の「責務の観念」だと述べた。その時のハートの見解によれば、慣習法と違って、制定法の下の法的責務は一般人による受容や社会的圧力によって生まれるのではなく、公務員、特に裁判官によって承認されるのだ、というのである。ハートがこのように、法が妥当するためには一般人の承認よりも公機関による受容の方がはるかに重要だと考えていたことは、彼の現実的な法理解を示すものである。

法と道徳

ハートは『法の概念』の第8章「正義と道徳」と第9章「法と道徳」では、自然法論が関心をもってきた法と道徳との関係に触れている。ただし第8章の第1節と第3節はほとんど道徳理論内部の問題を取り扱っている。この部分については、〈ハートの正義論はアリストテレスの正義論の影響を強く受けている。また道徳的考慮の中でも、正義の観念が特に法と密接な関係を持つということを指摘している〉とだけ言うにとどめる。

つまりハートによれば、法と道徳は人々の行動を指導するという点ではよく似ているが、他方次の点で異なっている。第一に、道徳的ルールはそのメンバーにとって重要なものだと考えられているが、法的ルールはそうとは限らない。第二に、法は意図的な変更を受けるが、道徳の変化はそうでない。第三に、道徳的犯罪(moral offence)は故意によるものに限られるが、法的責任の場合は本人の精神状態が考慮されないこともある。第四に、道徳の維持のために用いられる圧力は良心に訴えかけるのが特徴だが、法的圧力の典型は制裁の威嚇である(第8章第2節)。

この論述からわかるように、ハートが「道徳」と呼ぶのは、何か普遍的・客観的に存在する真の道徳といったものではなく、社会内部で通用している慣習的道徳である。しかし「道徳」をどう理解するかはともかく、法と道徳との間にもっと密接な関係を見出そうとする自然法論にハートはここまで触れてこなかった。彼は自分が自然法論と対立する法実証主義者であることを自認している。しかしこの両者とも多義的な言葉だから、論者がそれらの言葉によって一体いかなる主張を意味しているかに注意すべきである。ハートは第9章への巻末注で「法実証主義」という言葉に負わされた多様な意味を整理しているが、この部分はすでに本書第2章で紹介した。

自然法論について見ると、自然法則と規範的な法とを同一視して、正しい行動の法が理性によって把握できると考えるような、アリストテレスに代表される古典的自然法論にハートは共感を示さない。それは人間の活動の目的に関する疑わしい見解に基づいているからである（第9章第1節）。

ハートはまた、法一般に共通する目的があるとも考えない。しかしハートは〈いかなる人間社会にもその存続のために必要なルールがあって、あらゆる社会の法と慣習に含まれている〉と考え、それを「自然法の最小限の内容 The Minimum Content of Natural Law」（第9章第2節の題名）と名付ける。その内容を決定するのは、次のような経験的な自明の事実である。①人々は身体への攻撃を他人に加えることがあり、それによって殺されたり傷つけられたりする。②身体的・知的な能力において、人々の間に極端な相違はない。③人々は悪魔ではないが天使でもない。人々が持っている利他性は限られている。④土地などの資源には限りがある。⑤人々の知性と意志の強さも限られている。——これらの条件のために、論理的必然ではないが自然の事実の問題として、法体系は暴力の行使を禁じたり、財産や約束の尊重を要求したりするルールを持たざるをえない（第9章第2節）。

社会道徳と法へのこの経験主義的アプローチは、ハートが近世英国の自然法論者ホッブズとヒュームから継承したものだが、それはさらに修正して発展させるだけの意義と余地がある。たとえば②の「おおよその平等性」という事実は、個々人の間ではほぼ妥当しても、人間集団の間ではそうでないように思われる。また④「限られた資源」だけでなく、情報・知識の有限性も人間社会を考える際には無視できない要素だろう。

ハートは第9章最後の第3節「法的妥当性と道徳的価値 Legal Validity and Moral Value」で、「自然法の最小限の内容」を超えた程度で「法は道徳に一致するに違いない law *must* conform to morals」という主張の六つの形態を批判的に検討する。ハートにとって法実証主義の中核は〈法と道徳との間には必然的な関係が存在しない〉というものだったから、それらの議論は法実証主義の試金石になるはずである。そこでこの部分は詳しく見てみよう。

法と道徳の必然的な関係を主張する議論の第一は「力と権威 power and authority」に関するもので、〈法体系の存在は、その社会の少なくとも一部の人々の道徳的確信を必要とする〉と主張する。ハートはこれに対して、法の受容は必ずしもそれに対する道徳的な判断を含むとは限らないと反論する。

「彼らの［法］体系への忠誠は、長い目で見た利益の計算、他人に対する私心のない関心、無反省に受けつがれた伝統的な態度、あるいは他人がするようにしたいという単なる願望などのさまざまな考慮に基づいているかもしれない。」（二二一頁）

法に関する内的言明も道徳に関する内的言明も、共に"ought""must""obligation"といった言葉を用いるが、発言者は法的責務が必ず道徳的責務を前提していると仮定しているわけではない。

第二の議論は「法に対する道徳の影響」に訴えかけるもので、「あらゆる現代の国家の法は、受け入れられた社会的道徳および広範な道徳的理想の双方からの影響を、大変多くの点で受けている」（二一二頁）と主張する。ハートは、いかなる法実証主義者もこれが事実であることは否定しないだろう、と認めるが、その承認は法実証主義と矛盾しないと考えているようである。

第三の議論は「解釈」にかかわるもので、〈裁判所は司法的決定を行う際にしばしば道徳的価値の間で選択を行う〉と指摘する。ハートはこれも事実だと認めるが、それだからといって法と道徳との必然的な関係の証拠にはならないと反論する。なぜなら法に従うときと同様、法に従わないときにも、また法を批判する際にも、道徳原理が理由としてあげられるからである。

第四の議論は「法の批判」にかかわるもので、「法体系はその範囲内のすべての人々を一定の基本的な保護と自由の資格があるものとして取り扱わなければならないという主張」（二一四頁）である。だがこの主張を受け入れるとしても、その要請を満たさない法体系が長い間存在してきたという事実は変わらない。

第五の議論は「合法性と正義という原理 principles of legality and justice」と名付けられる。〈法の適用においては、偏見や利害や気まぐれによって左右されない一般的なルールが異なった人々に等しく適用されねばならない〉という、英米の法律家が「自然的正義 Natural Justice」と呼ぶ原理は「法に内在する道徳」だ、というのである。ハートは、そのことを認めても法は極度の邪悪さを持ちうる、と反論する。

最後の「法的効力と法への抵抗」と呼ばれる議論はハートが一番念を入れて検討するもので、

本章の最初で言及した「ハート＝フラー論争」の一部を構成している。この議論は〈道徳的に邪悪な法はそもそも法でない、とするような狭い法の概念を採用する方が、道徳的性質に言及しない実証主義的な広い概念をとるよりも実践的に有益だ〉という内容だが、ハートがそれを斥ける理由は次のようなものである。——これらの概念の間の選択は「選ばれた概念の方がわれわれの理論的研究の助けとなったり、われわれの道徳的熟慮を前進させ明確にしたり、あるいは双方に役立つという点で、もう一つの概念よりすぐれているという理由に基づいていなければならない」（二二八頁）。そして、①もし法を社会現象として理論的に研究しようとするならば、狭い法の概念をとるべき理由は何もない。邪悪な法もそうでない法も同様に研究に値する。②道徳的な考慮においても、狭い法の概念よりも広い実証主義的法概念の方が有益だろう。なぜなら（一）いずれの概念をとろうが、公機関が邪悪なルールを制定する可能性は残る。そのようなとき、〈服従への要求は道徳的吟味を受けなければならない〉という感覚は、〈邪悪なものは法でない〉と考える人々の間よりも〈法のルールは邪悪なものであるかもしれない〉と考える人々の間の方が生き続けるだろう。（二）さらに悪法への順守という問題以外にも、〈悪法への不服従に対する処罰を受けるべきかそれとも避けるべきか〉とか、〈過去の悪法に従った行為を遡及的に処罰すべきか〉といった問題を考える際は、法であるか否かだけしか区別しない狭い法概念よりも、法としての有効・無効と道徳性とを別の問題として取り扱う広い概念の方が事態の複雑さをとらえている——。

ハートのこの議論のうち②（一）に対して、狭い道徳的な法概念を提唱する人ならば〈われわれはそのルールがそもそも法であるか否かを判断する際に道徳的吟味を行うのだ〉と反論できるから、この点では優劣を決められないだろう。しかし①と②（二）の点ではハートの提唱する実証主義的法概念の方が確かにすぐれている。要するに法に関する研究と実践のいずれの目的からしても実証主義的法概念は有用である。

しかし私はハートがここで繰り返して用いるある表現が気になる。彼によると、広い法概念をとる人は邪悪な法に直面したとき、「これは法である。しかしあまりにも邪悪なので適用あるいは服従できない」（二二六頁）と考えるのだそうである。だがむしろ法実証主義者は「しかし」という逆説の接続詞を使わず、単に「これは邪悪なので従えない」とだけ言えばよいのではないか？

私は些細な言い回しにこだわっていると思われないよう期待する。ハートが用いた表現を虚心に読めば、それは〈法はすべて服従のための一応の道徳的義務を課するのだが、この場合はその内容の邪悪さゆえに例外的に順法義務が覆される〉と言っているように見える。だがハートの提唱する法実証主義は、純粋に記述的な理論であって、たとえ一応の義務であっても、道徳的な順法義務を含むものではない。第2章で説明した言葉を使えば、ハートの法実証主義は記述的なもので、規範的なものではないのである。そしてここでの発言者はそもそもこの法を受容していないと理解できるから、発言者はいかなる意味でも順法義務を受け入れていない。

もっとも〈「法」という言葉を外的視点からもちいるとき、その発言自体は何ら道徳的な義務を前提していないだろう。しかし法の支配下にある人々は、反対の強い理由がない限り、その法に従うべき一応の道徳的義務を負っている〉と法実証主義者が言ったとしても、そこに矛盾はない。この一応の順法義務は、たとえば〈社会秩序の維持のためには（あるいは人々の相互協力のためには）ルールの内容がどうであれ、実効性ある法に従うべき一応の義務がある〉とか〈国民は自分が個人的には賛成していなくても、民主的に制定された法律に従うべきだ〉といった実質的な根拠によって正当化されるかもしれない。こう考える人は、法の概念については法実証主義をとる一方で、法の内容から独立した、一般的な一応の順法義務を道徳的には承認しているのである。そのような人ならば、「これは法である。しかしあまりにも邪悪なので適用あるいは服従できない」というハートの表現を自然に使える。

実際ハートは初期の「自然権は存在するか」という論文の中で、「多数の人々が、他の仕方では得られないような利益を得るために一定のルールに従ってその自由を制限するとき、他の人々がそのルールに従うことから利益を受ける人々は、自分たちの方も従うべき義務を負う」という、いわゆる「公正原理」によって順法義務の正当化を試みていた（『権利・功利・自由』二二一―二五頁）。しかし順法義務肯定論は法実証主義と矛盾しないとはいえ、後者から自然に出てくる主張だというわけではない。むしろそれは法の基本的な道徳性を認める自然法論者にとってとりやすい態度なのだから、ハートが『法の概念』の中でそれをとっていると考えるべきではないだろう。

国際法

『法の概念』の最後の章は国際法に関するものである。彼はそこで現在の国際法は二次的ルールなしの一次的ルールの（体系というよりも）単なる集合であると書いた。ハートは一世紀前のジョン・オースティンのように国際法は本当の法ではないとは言わなかったが、それでもハートにとって国際法は十分な程度に「法」ではなかった。『法の概念』出版から半世紀以上たって多くの重要で強力な国際機関が生まれてきた今日、国際法に二次的ルールが存在しないというハートの主張は説得力を失った。さらにハートの時代と違い、国家以外の団体や諸個人も国際法上のアクターとして認められるようになった。グローバル化は諸国家の関係をこれまでないほど密接にした。これらの変化のため、著者の責任ではないが『法の概念』の第10章「国際法」はこの本の中で時代の経過による古さを一番感じさせるものになっている。しかし私の知る限り、近年の法概念論はまだ国際法のこれらの変容に応える一般理論を生みだしていない。現代の国際法は新しいケルゼンやハート（「国際法の父」グロティウスとまでは言わなくても）を待っている。

3　内的視点と外的視点

さまざまな視点

ハートが（他の理論家たちの萌芽的な発想はあるにせよ）初めて『法の概念』で定式化した重要な観念はいくつもあるが、本節では特に「内的視点」と「外的視点」を取り上げて、それをさらに進めてみよう。

ハートの「内的言明」という発想は〈人は発言によって事実を述べるだけでなく、約束・命令・謝罪・勧告・命名といったさまざまな行為を行う〉という、言語行為論の基本的発想を法哲学に取り入れたものだった。この発想が契約とか遺言といった法律行為や裁判の判決などの場合に適用できることはすぐわかる。たとえば裁判所の「被告は金××円を支払え」という判決は、既存の法的関係を記述しているのではなく、被告に命令し、新たな義務を作り出しているのである。

ハートはさらにこの発想を、法的ルールを受容する人の言明一般や態度・視点にも拡張したのである。だが内的視点と外的視点の区別については、さらに次の諸点にも注意を広げるべきだろう。

法に対する内的視点と外的視点がそれぞれ一つしかないように考えるべきではない。外的視点の中には、ルールを受容している人々の内的視点に全く言及しないものもある。これは人間行動をまるで自然現象のように観察する視点だが、そこにルールの外的側面である順守と逸脱の規則性を見出すことはできる。しかしこの極端な外的視点よりも大部分の場合説明力がある外的視点は、自分はルールを受け入れないが、集団の人々の内的視点に言及する視点である（九八―一〇〇、二七六頁）。極端な外的視点ではそもそもルールの観念を説明できない。

次に内的視点の中には、行為者の内心の感情や受容の動機は度外視するとしても、積極的なルールの使用による受容と、ルールの運用の消極的な黙認（acquiescence）とがありうる（六八、一二七頁）。さらに後述するように社会の人々はいずれかの視点を全面的に取るわけではなく、法体系の一部だけを受容することも可能である。

なおその後ハートは弟子にあたるジョゼフ・ラズからの指摘を受け、内的言明と外的言明に並ぶ第三のタイプの言明として、内的視点に言及せずに、あたかも内的視点からのようにルールを記述する「超然たる（detached）言明」の存在を認めるようになった。これは発言者自身がルールを受容しているわけではないので、コミットした内的言明とは区別される（『法学・哲学論集』「序説」V）。ラズによれば、このような言明は「弁護士や法学教師に特徴的な言明といえる。というのも、弁護士や法学教師の主たる関心は、自分や他人に法を適用することではなく、法に従おうとすればどのように行動すればよいかについて、他の人々に教えてあげることだからである」(『権威としての法』八〇―八一頁)とのことである。しかし実際には弁護士や法学者の中には、そのような控えめな役割を果たそうとするのではなしに、裁判官に代わって、あるいは裁判官のために、判例や公権解釈では歪められている法の真の内容を自分が語っているかのような口ぶりの人も少なくない。むしろ次の章で見るドゥオーキンなど、法律家だけでなく市民の誰もがこのような法解釈の実践に参加すべきだと考えているようだ。このような立場から法の内容を語る発言は内的言明に分類できる。

それはともあれ、私は超然たる言明が重要であり、そしてそれが単純な内的言明ではないということは納得できるが、それは「外部から見た内的言明」とでも言えば十分であって、わざわざ内的でも外的でもない第三の種類だと分類する理由はないのではないかと疑う。

ルールの受容と道徳的是認

ルールの受容はそれを道徳的に是認することと切り離せないようにも思われる。だが自分がいくら高く評価していても、それがたとえば外国法だったり過去の法だったりして実効性をもっていなければ、それを受容することは不可能だろうから、受容が是認を含むとは言えない。日本に住んでいる人がいくらフランス共和国の憲法に心酔していても、フランス法を受容することはできないのである。

だが逆に、実効的な法を受容することは、それに対する是認を含んでいるとは言えないだろうか？　実際ラズは、〈裁判官がその法を道徳的に是認しているか、少なくともそのふりをしている〉と主張する。だがハートはこの主張に反対する。すでに見たように、ハートによると法を受容している裁判官も道徳的でないテクニカルな意味での法的責務について語っているにすぎない。ハートはラズの想定は非現実的に思われると言う（『法学・哲学論集』「序説」Ⅳ）。

だが私は、ハートがこれほど法の受容と道徳的是認とを峻別しようとする方が非現実的ではないかと思う。人が法を積極的あるいは消極的に受け入れる動機はさまざまであって、その中には惰性とか他者支配の合理化といった、全く道徳とは関係がないものもあるだろう。内的視点をとる論者が無視しがちなその点を指摘した点でハートは正しい。だがハート自身が法命令説批判の中で強調したように、ルールの受容は単なる服従とは違って、他人の逸脱への非難や自分の行為の正当化といった規範的態度を含んでいる。その「他人」の中には、自分ではそのルールを受容していない人々も含まれるだろう。そうでもなければ逸脱者の多くを非難できないからである。そして逸脱者を非難する場合、ルールが暗黙のうちにでも参照されている。こう考えるなら、内的視点をとる者の受容の動機や内心の信念が何であれ、本人はそのルールが道徳上少なくとも一応の義務を課するると、行動の上で認めていることになるのではないか？　そのような義務さえも（外見上）認めなかったら、他人に対する非難や要求がどうしてできるのだろうか？

ハートは法に対する内的視点の条件である「受容」という観念を必ずしも厳密に説明しなかっ

た。後にドゥオーキンはこの点をとらえて――鬼の首でも取ったかのように、と言いたくなる――用語法を尊重するハートの法実証主義を批判した。ドゥオーキンは「ナチ・ドイツの多くの公職者はヒトラーの命令を法と考え、これに服従したが、これは恐怖にかられてのことにすぎなかった」(『法の帝国』六一頁)という例をあげて、もしこの場合に受容があったならばハートの説はオースティンの法命令説と変わらなくなるし、もし受容がなかったならば、当時のドイツにはいかなる法もなかったことになり、そうなるとハートの説はすべての法律家の「法」の用語法をとらえているとはいえない、と主張した。

この批判は成功していない。ハートの「受容」の概念があてはまるかどうかが不明確な限界的事例はたくさん考えられるが、彼の考える典型的な「受容」の内容は十分明瞭であり、われわれは限界的な事例については典型的な事例と突き合わせて特徴づけることができる。ここで重要なことは裁判官などの公職者をはじめとする人々の態度がどのようなものだったかであって、それを「受容」と呼ぶべきか否か――そしてそこに法があったか否か――に明快な答えがあるとは限らない。「受容」の存否が問題になるケースが大部分ならばこの概念の有用性は疑わしいが、実際にそのようなケースが例外的ならば、ハートの説は擁護できる。

ナチ支配下のドイツに法があったかどうかについて言えば、そこで恐怖にかられてではなく自発的に、あるいは判断を放棄して、当時の法規に従った公職者が多数存在したとすれば、オースティン流の命令説をとらなくても、法が存在したと言える。言うまでもないが、それだからといって法実証主義者が〈当時の法律家はナチスの法に従うべきだった〉と言っているわけではない。法の効力と順法義務は同一ではないからである。そしてナチスの法の効力の原因は当時のドイツの人々の態度にあるのであって、法実証主義の責任ではない。一方、本当に当時の公務員のほとんど全員が恐怖にかられてナチスの法に従っていたとするならば、その場合は確かに法があったというのは難しいが、そのような状況はむしろ例外的な場合だったろう。

公務員による受容と私人による受容

裁判官をはじめとする公機関と私人とでは、法の「受容」といってもその内容は異なるかもしれない。すでに述べたように、ハートも法体系が成立するためには公機関だけが内的視点をとっていれば足りるかもしれないと言っていた。

この指摘は考慮に値する。というのは、法解釈学者の間ではむろんのこと、今日法哲学者の間でも、内的視点を外的視点よりも重視する傾向があるように思われるからである。ドゥオーキンのように極端な論者になると、内的視点だけが法理論上正当な視点だと考えているようだし、そこまで行かなくても、ほとんどの市民が法を受容しているとして法の強制・制裁の要素に副次的な役割しか与えない論者は多い。確かに現代の多くの国々では国民の多くは一次的ルールの主要なものを受け入れているだろう。さらに二次的ルールまで受容している「政治意識」が高い人々も少なくないだろう。そして国民が積極的に政治に参加している社会では、公機関だけでなく国民の多くも法的ルールを受け入れていなければ、法体系は存在しえないという可能性もある。

また私法の領域では私人の内的視点を無視するわけにはいかない。この領域では私人も頻繁に内的言明を行う。たとえば契約の場合がそうである。私人は（公機関もだが）契約法という権能付与ルールを用いて、申し込みと承諾という発言によって法的権利義務関係を作り出す。また判決をするのは確かに裁判官だが、民事訴訟の当事者でさまざまな請求や証明、議論を行うのは原告と被告という当事者である。このように法的関係の形成において私人の意志に大きな役割を与える発想は「私的自治」と呼ばれる。私的自治が広く認められている法秩序を記述し説明するためには、私人の内的視点が重要な役割を果たすだろう（私的自治の原則は近代法の特徴だと言われることもあるが、どんな時代でも、法的に拘束する契約を締結する権能が私人に広範に認められていれば、そこには私的自治があったと言える。そうすると第1章で見たように、法というともっぱら公法と刑法を指していた中国や日本と違い、古代ローマには私的自治があったということになる）。

しかしそれでも、公機関による法の受容と私人によるそれとの間には重大な相違があると思われる。いやそれだけではない。公機関の間でも、また私人間でも、そのタイプと状況ごとに、法に対する視点は、すでに分類したよりも詳しく分類できる。このトピックについては日本の民法学者星野英一（一九二六―二〇一二）が晩年に書いていて、以下の記述もそれに負うところが多いが、かなり変更も加えている。

ハートは〈公務員（officials）は法を適用するという積極的な内的視点をとっている〉という、

かなり一般的なことを言うだけだった――もっとも後期になると、専ら裁判官の視点に焦点をしぼったが。だがその中でも裁判官と行政官では違いがある。裁判官は法の解釈が任務だから典型的に内的な視点をとっている。しかもドゥオーキンのように法の解釈には一つの正答しかなく裁量の余地はないと考えているならば、法解釈以外の何物も行っていないということになる。これに対して行政官は「法律による行政」という原則上、一応は内的視点をとっていると言えるが、実際には行政指導など法律上根拠のない行為もたくさんしているし、さらに場合によっては、邪魔な法規にあえて反してでも行政目的（とされるもの）を実現しようとすることもある。これらの場合、行政官は法に対する外的視点をとっていると言えよう。

特殊な公務員として、立法を行う議会の議員がいる（もっとも英語の法学や政治学の文献の中では、officials の名の下にまず議員が想定されていることがよくある）。彼らは立法手続を定めた法律に従って、現在の法秩序と整合する仕方で立法する限りでは内的視点をとっているが、政策的目的を実現しようとして現在の法律を改廃しようとするという点では外的視点をとる。

弁護士は裁判の内部では内的視点をとるが、裁判外の依頼人との関係では、距離を置いた視点か外的視点をとることが多いだろう。たとえば弁護士が裁判の中で「被告には過失がない」と主張するならばそれは内的言明だが、裁判外で依頼人に「あなたには損害賠償を支払う義務がある」と助言すれば、距離を置いた言明であり、「裁判官の態度から見るとあなたの主張が認められるのは難しそうだ」と予測するならば、外的言明である。星野の表現を借りれば、「弁護士は、内的視点と外的視点との間を言わば公的に行き来する職務である」。

法学者（実定法学者）の視点も弁護士と似ている。だが法学者は距離を置いた視点から法を解釈し記述するとともに、内的視点も取って、自分が望ましいと考える法解釈を提唱するという実践的な活動も行う。その際、弁護士と違って、特定の事件についてではなく、一般的に社会全体に対して発言するという相違もある。

一般の私人は、文句を言わずに法に服従している――あるいは、単に反抗しない――だけならば消極的黙認という内的視点をとっているのだが、改まった仕方で契約を結んだり結婚したりするとき、また選挙で投票するときは法的権能を行使しているわけだから、もっと積極的な内的視点をとっているように思われる。また裁判の場や行政庁との関係では、否応なしに内的視点をとっているかのように行動せざるをえないだろう。税金をいくら取られたくないと思っていても、確定申告を進んで税務署に提出するかもしれない。

しかし私人は日常生活では法の大部分について外的視点――それは法への無知だったり、無関心だったり、無視だったりする――をとっていることが多い。特にそれは公法の二次的ルールについて言えることである。私人はそれらのルールによって直接権利や義務を持つことがないからである。また私人が刑法や行政法の一次的ルールに従っているように見えても、それは法の内容が社会的慣習の一部だから（「みんながそうしている」）という理由や、違反に対する法的・社会的制裁がこわいからという理由、あるいは単なる惰性から従っているのかもしれない（もっとも公務員も実際はこれらの原因から法に従っていることが多いだろうが、公務員は建前上でも法を受容しているという点が違う)。私人がもっと積極的に法を利用する場合でも、自分に都合のよい場合だけ機会主義的に法に訴えかけるならば、それは内的視点からの行動とは言いにくい。たとえばある住民運動が、特定の法規は自分たちの目的に役立つので利用する一方、別の法規は都合が悪いので無視するとしたら、そこに法の積極的受容を見出すことは難しい。

要するに、私人は公務員と違って法に対する内的視点を外見上でさえとっているとは限らないし、とっている場合にも、法の一部についてそうしているかもしれないのである。ケルゼンやドゥオーキンも含め、法理論家の多くは法を体系的あるいは全体論的に見すぎていて、このようなパッチワーク的な見方を不当に軽視しているように思われる。現代世界の国民、いや歴史を通じて人民の大部分は、自分の国の法のごく一部についてしか知識も関心も持っていないのである――だからこそ法律家養成以外の法学教育の存在意義もあるわけだが。この点、法社会学者の方が法を体系として見る傾向が少ないようである。

私人と公務員が法に対して持つ内的視点において異なる点がもう一つある。私人は公務員と違って、法を自分の行動の最終的な理由・権威として受け入れているわけではない。私人が法をともかく受け入れている場合でも、それは道徳や自己利益やその他の実践的動機(たとえば「意地」や「誇り」)との比較考量の余地を残している。つまり順法義務は絶対のものではなくあくまでも一応の義務にとどまり、場合によっては法に従わない方がよい場合、それどころか従うべきでない場合もある、と考えられているのである。それだからこそ、法は人々が法に従うようにさせるためのさまざまな強制装置を備えているのだろう。そのような装置がないと人々が自発的に法に従おうとしないことは日常茶飯事である。たとえば国家的強制がなくても自発的に税金を支払おうとする人々は多数派ではないだろう。

私人とは違って公機関は、後になってから違法だったと評価されることはあっても、少なくとも自ら意識的には法に反して行動しないというのが建前である。「超法規的措置」というものもあるが、これはあくまでも例外にとどまる。このことが理由で、時として私人は法律を文字通りに解釈するのに、公機関は実態を正当化するために法規を融通無碍に「目的論的」に解釈することがある。たとえば〈自衛隊が憲法第九条に反することは確かだが、国際情勢の現実からして自衛隊は日本に必要だ。しかし第九条を改正して自衛のためなら戦力を持てるということにすると、国内の排外的ナショナリズムを助け、国際的にも誤った印象を与えてしまうだろうから、実態に反する第九条も堅持すべきだ〉と考えている日本人は少なくないだろう。この人々は違憲の状態でも構わない——むしろその方がよい——と思っている。ところが公機関はそんなことは言えないから、政府が行ういかなる行為も合憲で合法であるとして正当化するための苦しい解釈を行うことが多い。

法に対するさまざまな行為者の態度を内的視点・外的視点という概念を用いて特徴づけようとする本節の試みの大部分はハート自身が行ったものではない。しかしそれはハートの発想が実り豊かだということを示す例証となる。

4　ソフトな実証主義とハードな実証主義

ハートは自らが属する法実証主義の核心は、「法と道徳、あるいは在る法と在るべき法との間には必然的な関連が存在しない」という分離テーゼだと考えていた（本書第2章2）。しかし本章で見てきたようにハートは『法の概念』の第9章第2節で、すべての法が「自然法の最小限の内容」を含んでいると進んで主張し、さらに第3節では「法に対する道徳の影響」と「解釈」と「法の批判」という点で、法と道徳の間に関係が在ることを認めている。これでもはたして分離テーゼが維持されているといえるだろうか？

まず「自然法の最小限の内容」については、分離テーゼを支持する立場からは〈社会的・歴史的な事実としては、自然法の最小限の内容を含まないような法を持った社会は長い間――あるいは短期間も――存在できないだろうが、それは経験的な問題である。概念上の問題としては、その内容を含まない法も十分考えられる〉と回答されるかもしれない。そして「法の批判」という論点については、〈ある道徳的見解から法が批判されるということは、法と道徳の内容が違うということをまさしく示している〉と反論できる。「法に対する道徳の影響」の議論も、そこでいう「道徳」とは慣習道徳という社会的な事実のことであって、「在るべき法」といった価値ではない、という回答が可能かもしれない。

しかし「解釈」の論点について分離テーゼを貫徹することは難しそうである。裁判官が法解釈の中で道徳的考慮を取り入れる際、彼らは現存の慣習道徳を決して無視はしないだろうが、それよりも彼ら自身の道徳的信念を優先させそうだからである。それにイギリスの法学者であるハートにはなじみがないのかもしれないが、実際の法文の中にはしばしばはっきりと道徳的な観念が現われている。日本の例を挙げれば、憲法は当然のこととして別にしても、民法の中の「公共の福祉」、「信義誠実」、「権利の濫用」、「個人の尊厳」、「善良の風俗」、「善良な管理者」などの言葉を道徳的判断なしに解釈することは至難である。これらの言葉は単なる法律の目的の宣言にとどまる文章の中にあるのではなく、権利義務を規定する条文の中にある。少年法第三条一項には、「犯罪性のある人若しくは不道徳な人と交際し、又はいかがわしい場所に出入りする」少年や「自己又は他人の徳性を害する行為をする性癖のある」少年で将来罪を犯しそうな者は「家庭裁判所の審判に付する」という規定がある。家庭裁判所は、どんな人が不道徳であるかを判断しなければならないのである。

これらの点を考慮すると、ハートが「法と道徳との間には必然的な関係がない」というときの「必然的な関係」とは、極めて密接な、ほとんど同一性に近いくらいの関係に限られてしまうように思われる。

次の章で取り上げるドゥオーキンは最初の著書『権利論』以来、さまざまな議論によって「法はルールの体系である」というハートの議論を批判していて、その中には多くの法哲学者の納得を得られないものが多いが、〈法律家は法の解釈において明文化されていないような道徳的原理をも利用する〉という主張は広く受け入れられている。そしてそれに対する法実証主義者の対応は二つに分かれた。〈特定の法がその中に道徳的基準を含むことはありうる〉と認める立場と、〈ある規範が法であるか否かを決定する際に、道徳は十分条件にも必要条件にもなりえない〉とする立場である。前者は「ソフトな実証主義」あるいは「包含的実証主義 inclusive positivism」と呼ばれ、後者は「ハードな実証主義」あるいは「排除的実証主義 exclusive positivism」と呼ばれる。

「公の秩序又は善良の風俗に反する事項を目的とする法律行為は、無効とする」という民法九〇条を例にとってみよう。ソフトな実証主義者ならば、〈この法文は道徳的考慮を法の中に取り込んでいるが、その条文の制定自体が社会的な事実なのだから、法が事実であることには変わりがない〉と説明するだろう。それに対してハードな実証主義者ならば、〈この条文は裁判官に自らの道徳的見解によって法律行為を無効と判断する権限を与えているのであって、それだけではこの法規範が道徳を含むということにならない〉と言うだろう。

もうここまで来ると両者の主張の差は実質的にはほとんどなく、表現の仕方の違いにすぎないと考える人もいるだろう。だが私は前者の方が法文や法実務のずっと素直な理解の仕方だと考える。法が明示的に道徳的概念を使っているとき、法が道徳を含むと考えるのは自然である。それに対してハードな実証主義者は分離テーゼにこだわって苦しい説明をしているように見える。それはちょうど、(ハートが指摘したように) ケルゼンの「第一次的規範」論が、野球のルールを審判だけに向けられたルールであると理解するようなものだから不自然であるのと同様である。

ハートはソフトな実証主義をとった。彼は『法の概念』「後記」の中で、ドゥオーキンが『法の帝国』の中で彼に〈法の効力は明瞭な事実だけに基づく〉という「明瞭な事実－実証主義 **plain-fact positivism**」を帰したことは誤解だと主張して、自分は〈承認のルールは法的効力の基準として道徳的原理や実質的価値との一致をも取り込みうる〉と考えているから、これはいわゆる「ソフトな実証主義」である、と書いている。ハートよりも詳細にソフトな実証主義を提唱する法哲学者の中では、コールマン (**Jules Coleman**) やワルチャウ (**Wil. Waluchow**) が有名である。

それに対してハードな実証主義をとる論者のうちもっとも有名なのはジョゼフ・ラズである。彼は〈法は道徳的議論によることなく、社会的事実だけで同定できる〉という「源泉テーゼ (**sources thesis**)」をとり、従って道徳的考慮を法の一部として認めない。ラズのハードな法実証主義は、〈法は最終的決定性を要求する〉とか〈法は排他的で先取り的 **preemptive** な理由である〉、〈人々の行動の調整をするために公的権威が存在しなければならない〉、〈法が権威を持つためには、その内容が社会的事実だけによって確認できなければならない〉といった、彼独特の主張と結びついているが、ハードな実証主義が必ずこれらの主張と結びつくわけではない。いずれにせよ、ラズのこれらの主張は私にはあまり説得的と思えない。法がそれほど大した権威を備えていなければ法とはいえないと考える理由はなさそうである。たとえば与える理由が排他的でない法とか、内容が社会的事実だけでは完全には確定できない法といったものも考えられるが、そうであっても人間行動の調整の役には立つだろう。法は道徳的考慮から独立していなければ「権威」を持てないとラズは言うが、これは「権威」という観念についてのずいぶん特異な理解のようだ。

現代日本の重要な法哲学者である井上達夫は法実証主義自体に反対するが、特にソフトな実証主義（彼は「包含的法実証主義」と呼ぶ）を次の二つの理由で批判している。——第一に、それは排除的法実証主義と区別される理論的独自性を持たない。なぜならいずれの立場も、法を同定する基準を社会的事実に限定するという点では同一だからである。第二に、ハートなどの包含的法実証主義者は、一般市民による受容ではなく裁判官集団による受容を、承認のルールの存在条件である社会的事実だとしているが、その理由を示していない。「承認のルールの準拠集団の選択は社会的事実の記述ではありえず、記述されるべきレレヴァントな事実は何か、いかなる社会的事実が法創造的効果をもちうるかについての規範的判断に依存している。〔……〕何らかの、規範的・政治的根拠を示さない限り、法同定基準の同定のための準拠集団の選択は恣意性のそしりを免れない。」

私はいずれの批判にも説得されない。第一の批判については、少し前で述べたように私もソフトな実証主義とハードな実証主義の相違はほとんど言葉の問題に帰着すると思うので、両者の「理論的独自性」を強調するつもりはない。それでも私がソフトな法実証主義の方を選ぶのは、そちらの方が、〈裁判官は自らに与えられた司法的裁量権を行使しているときでも、自らが信ずる道徳に従っている〉という事実（だろう）をよりよく描写していると思うからである。

井上の第二の批判についても説得力ある回答ができる。多くの法実証主義者が一般人ではなく法律家による受容を承認のルールの決め手としているのは、政治的・規範的な理由からではなくて、〈近代国家では実効的に法を創造し適用するのは裁判官をはじめとする公職者であって、一般人がこの点で果たす役割はずっと小さい〉という事実によるものである。もし法実証主義者が、専門家としての法律家や法執行機関が存在せず、慣習法がもっぱら通用している社会を記述しようとするならば、彼らは一般の民衆による受容を基準にするだろうし、絶対君主が支配する社会を記述しようとするならば、臣下による受容を基準にするだろうが、近代国家の多くはそうでないのである。法実証主義者がここでは裁判官集団による受容を法の存在の基準として選ぶのは、たとえば司法の独立を尊重する「法の支配」といった実践的関心に由来するわけではない。ただし法実証主義者が近代国家では承認のルールの決め手として法律家集団の受容を選ぶからといって、法に関する一般の国民の態度を視野の外においてよいということにはならない。彼らの行動と態度も法の研究では重要である。だが承認のルールの基準にはならないのである。

元に戻って、法実証主義のどちらのヴァージョンをとるにせよ、法と道徳の分離テーゼを文字通りの形で維持するのは難しいように思われる。そこで最近の法実証主義者は、法実証主義の基本的な特徴を分離テーゼではなく、〈道徳的・実践的考慮から独立した法の記述的あるいは分析的な研究は可能であるとともに有意義である〉——これはハートが「法実証主義」の第三の意味として分類したものに近い——とか〈法の効力は根本的に社会的事実に基づき、道徳的価値によらない〉という主張に求める傾向がある。法実証主義の特徴は、法にいかにかかわるべきかという直接に実践的な関心ではなく、法という社会的な制度・現象の特徴の解明に関心を持つということだ、というのである。

たとえば最近、オックスフォード大学の法哲学者ジョン・ガードナーは「法実証主義の五つ半の神話」という論文で、法実証主義は次にあげる六つの発想（「神話」）のいずれも取るものではないと主張している。ガードナーによると、第一に、法実証主義とは規範的法実証主義のことではない（規範的法実証主義については第2章で触れた。ただし法実証主義者の中には規範的法実証主義をとる論者も少なくないので、ガードナーはこれを「半分神話」とする）。第二に、法実証主義とは「法の支配」の提唱ではない。後者はむしろフラーのような反実証主義者の主張である。第三に、法実証主義は法の不確定性を否定して〈裁判官は有効な法規範だけに基づいて裁定しなければならない〉と言ったりしない。第四に、司法による立法を否定するわけでもない。第五に、法実証主義は特定の法解釈方法を提唱するものでもない。第六に、法実証主義はハートのように分離テーゼをとる必要もない。法実証主義とは法の効力についての主張であって、法に関する包括的な主張ではないからである――。

ガードナーはハードな実証主義に属するが、以上の主張はハードな実証主義にもソフトな実証主義にもともにあてはまるものだろう。法は社会的事実であって、法の中には不正なものや有害無益なものや従うべきでないものもある、という基本的な主張さえ受け入れれば、ソフトな実証主義かハードな実証主義かという実証主義内部の問題はあまり重要ではない。

このようにして近年の法実証主義者が分離テーゼを捨てて別の主張に自らの特徴を求めることは、マジノ線への戦線撤退にすぎないだろうか？　いやむしろ、それは法実証主義という船から分離テーゼというバラストを投下して、法実践や法解釈学とはまた違った法の経験的あるいは分析的研究という方向に定位しようとする動きとして評価できる。もっとも法の経験的・分析的研究といってもその問題関心は多様である。法がいかにして変化してきたかに関する歴史的研究、法が経済行動にどう影響しているかに関する経済学的研究、法が人々の物の考え方をいかに形成しているかに関する心理学的研究、あるいは純粋法学のように法体系内部の構造の記述に関心を持つ法学があってもよい。法実証主義は特定の問題関心――「何が重要な問題なのか？」という問いへの回答――を推奨するものではない。しかしどのような法の研究にあっても、法実証主義の法概念が必須である。

そして法に対する実践的あるいは道徳的な評価においても、法の記述的あるいは分析的な研究は有用である。法実証主義はこのようにして間接的に規範的法理論にも貢献する。

5　結論

一時期、現代の法哲学の範囲はハートが開拓した範囲と等しいと言われたことがあった。『法の概念』が現われてから半世紀以上が経ち、その評言はさすがにあてはまらなくなったが、それでもハートは現代のもっとも重要な法哲学者だと評価できる。その重要さは、ケルゼンやドゥオーキンのように独特の大がかりな理論体系を構築したことにあるのではなくて、「内的視点と外的視点」とか「一次的ルールと二次的ルールの結合体としての法体系」、「事実としての〈承認のルール〉」とか「自然法の最小限の内容」といった斬新な発想によって、その後の豊かな研究領域を開拓したという点にある。一次的ルールと二次的ルールの区別・特徴づけが曖昧で時には矛盾を含んでいるという例からも示唆されるように、ハートのそれらの発想は決して完全に整理されたものでも隙のないものでもなかった。そしてハートの主張の多くはその後の論者によって批判され、彼自身も批判の多くを受け入れた――受け入れる必要がないのにそうしているように見えることとさえ時々ある。だがハートの基本的な発想の有用性や健全さを疑うことはできない。ハートがそれほど多くの実り豊かな発想に至った大きな原因は、彼が法に対する単一のアプローチにこだわることなく、言語行為論とか概念分析、社会学的研究、近世自然法論の検討といった多様な観点から法現象を見たという、方法論上の多元性が一因になっているだろう。『法の概念』がなければ、現代の法哲学者が当然のように使いこなしている観念の多くがいまだに知られないままだったかもしれない。ハートの著作の中にはいまだに十分な検討を受けないままの発想も残っているだろう。ハートの著作、特に『法の概念』は今日いやしくも法哲学研究を志そうとする人ならば誰しも熟読すべき古典である。

文献解題

本章の1―3節は、

・**森村進［1990］「H・L・A・ハートの『法の概念』」『一橋論叢』一〇三巻四号**を利用している。

ハートの著書は決して数多くないが、そのいずれも重要なので、以下にすべて挙げる。中でも抜群に重要なのは、

・**H. L. A. Hart [2012] *The Concept of Law*, 3rd ed., Oxford University Press.（一九六一年の初版の訳・矢崎光圀監訳『法の概念』みすず書房、一九七六年）**

である。ただしこの邦訳には、没後一九九四年に出版された第二版で付け加えられた「後記（追

記）」が収められていない。これは、

・「『法の概念』第二版追記　上・下」（布川玲子・高橋秀治訳）『みすず』四三八・四三九号（一九九七年）

として邦訳されている。原書第三版ではさらにオックスフォード大学教授Leslie Greenによる序論と巻末注が加えられている。

本章の1節で言及したオノレとの共著は、

・H. L. A. Hart and A. M. Honoré [1985] *Causation in the Law*, 2nd ed., Oxford University Press.（井上祐司ほか訳『法における因果性』九州大学出版会、一九九一年）

である。ただしハートが共著者として執筆したのは一九五九年の初版だけで、第二版の増補部分はオノレによるものである。

ハートの刑事責任論は、

・H. L. A. Hart [1968] *Punishment Responsibility: Essays in the Philosophy of Law*, Oxford University Press.（『刑罰と責任』）

にまとめられているが、残念ながら邦訳されていない。

法理論及び政治思想の領域におけるハートの重要な論文は、ほぼ同時期に出版された二冊の論文集

・H. L. A. Hart [1982] *Essays on Bentham: Studies in Jurisprudence and Political Theory*, Oxford University Press.（『ベンサム論集』）

・H. L. A. Hart [1983] *Essays in Jurisprudence and Philosophy*, Oxford University Press.

（矢崎光圀ほか訳『法学・哲学論集』みすず書房、一九九〇年）に有用な「序論」つきで収録されているが、『ベンサム論集』にはまだ完訳がない。しかしその中の「法的権利」を含む四編は、

・ハート［1987］『権利・功利・自由』（小林公・森村進訳）木鐸社

に訳出されている。この訳書の中には、ハートの論文集にはなぜか再録されなかったが論じられることの多い一九五五年の論文「自然権は存在するか」も収録されている。

・H. L. A. Hart [1963] *Law, Liberty, and Morality*, Oxford University Press.（『法・自由・道徳』）

は薄い本で、〈政府は行為者以外の人々を害することのない行為を強制的に禁止してはならない〉というジョン・スチュアート・ミルが『自由論』で提唱した「加害原理 Harm Principle」と呼ばれる見解に基づいて、パトリック・デヴリンの〈社会は特定の道徳を共有することによって結びついているのだから、その共通道徳を刑法によって強制することが許される。従って同性愛への嫌悪感が強い社会ではその処罰は正当である〉という見解を批判した。この本も邦訳がないが、その趣旨は『法学・哲学論集』に収められた論文「社会的連帯と道徳の強制」でも述べられている。

ハートの著作を論じた外国語文献は多いが、私が本章を書く際に一番助けになったのは、

・D'Almeida, L.D., Edwards, J. and Dolcetti, A. (eds.) [2013] *Reading HLA Hart's The Concept of Law*, Hart Publishing.

の諸論文である。この本の最後に収録された、ハートへの一九八七年のインタビューも興味深い。

一冊全体をハートにあてた日本語で読める書物は、

・MacCormick, Neil [2008] *H. L. A. Hart*, 2nd ed., Stanford University Press.（一九八一年の初版の邦訳・角田猛之編訳『ハート法理学の全体像』晃洋出版、一九九六年）

くらいである。

ハートと言語行為論の関係については、

・**森際康友［1981］「法と言語行為」『法と言語　法哲学年報1980』有斐閣**

が参考になるが、難解である。

3節では第1章の文献解題であげた拙稿「法概念論は何を問題にしているのか、またすべきなのか？」を利用した。

4節で触れたハート及びハート以後の法実証主義に関する日本の研究としては、

・**深田三徳［2004］『現代法理論論争――R・ドゥオーキン対法実証主義』ミネルヴァ書房**

・**濱真一郎［2014］『法実証主義の現代的展開』成文堂**

が有用である。

日本では最近の法実証主義に関する研究があまり盛んでないが、それは今日もっとも有名な法実証主義者であるジョゼフ・ラズの著作が、法哲学だけでなく政治哲学や倫理学など広い分野にわたり大量であると同時に、難解でもあるという事情が一因になっているだろう。ラズの法哲学の概要は、少し古くなったが、日本独自に編まれた論文選集

・**ジョゼフ・ラズ［1994］『権威としての法――法理学論集』（深田三徳編）勁草書房**

で知ることができる。特に編者の解説「J・ラズの法理学」はありがたい。邦訳されたラズの著作の中で、本章4節で触れた「ハードな実証主義」の立場が現われているのは、この本に収録された

「権威・法・道徳」である。
"rule of recognition"は「認定のルール」と訳した方がよいという主張は、
・**嶋津格［2011］『問いとしての〈正しさ〉――法哲学の挑戦』NTT出版**
の第2章「法における「事実」とはなにか」でなされている。

ハートの「自然法の最小限の内容」の発想をさらに詳細にリバタリアニズムの方向で発展させた現代の規範的な包括的法理論として、
・**ランディ・バーネット［2000］『自由の構造――正義・法の支配』（一九八八年初版の邦訳・嶋津格・森村進監訳）木鐸社**
がある。二〇一四年に出た原書第二版は「後記」を追加している。

ロナルド・ドゥオーキンのハート批判の著作については次の章の文献解題を参照。

本章で利用した星野英一による内的視点と外的視点の区別は、
・**星野英一［1995］『法学入門』放送大学教育振興会**
の第2章「人の法・法律に対する見方、かかわり方」を利用した。引用はその一九頁から。

ジョン・ガードナーの論文「法実証主義の五つ半の神話」は、
・**Gardner, John [2012] *Law as a Leap of Faith: Essays on Law in General*, Oxford University Press**
に収録されている。

ソフトな実証主義対ハードな実証主義という法実証主義内部の対立については、前記の深田の書物の第4章と

・井上達夫［2003］『法という企て』東京大学出版会
の「序」（本文中の引用はⅷ―ⅸ頁から）を参照。

本章最後の法実証主義の意義に関する議論は、
・Dickson, Julie [2012] "Legal Positivism: Contemporary Debates", in A. Marmor (ed.), *The Routledge Companion to Philosophy of Law*, Routledge.
及び、前記の濱の書物の第6章「J・ディクソンによる記述的法理論の擁護論」に示唆されたところが大きい。

本書はハートの伝記的事実には触れなかったが、
・Lacey, Nicola [2004] *A Life of H. L. A. Hart: The Nightmare and the Noble Dream*, Oxford University Press.（『H・L・A・ハート伝：悪夢と高貴な夢』）
はハートの人と業績に関する興味尽きない伝記である。邦訳が待たれる。

本書校正中（二〇一四年十二月）に長谷部恭男による『法の概念［原書第三版］』の翻訳がちくま学芸文庫（筑摩書房）から出たが、本書の執筆には利用できなかった。

第5章

ドゥオーキンの解釈的法理論

1 主要な業績

ロナルド・ドゥオーキン（Ronald Dworkin 一九三一―二〇一三）はハート以後、世界でもっとも有名な現存の法哲学者だった。その理由は、彼が法哲学者であるにとどまらず、リベラル派を代表する公的知識人public intellectualとして公衆の注目を集めてきたからである。ドゥオーキンは奨学生としてハーヴァード大学を卒業、ローズ奨学金を得てオックスフォード大学に留学して卒業、帰国してハーヴァード大学ロースクールを卒業後、連邦裁判所でラーニド・ハンド（Learned Hand）判事のもと調査官を務め、ニューヨークで弁護士実務に就いた。一時期イェール大学ロースクールで教職についていたが、ハートの後任として一九六九年にオックスフォード大学法理学教授に就任する。その後一九七五年からニューヨーク大学の哲学教授かつ法学教授も併任して、大西洋をまたにかけて活動するようになった。続いてロンドン大学ユニヴァーシティ・カレッジの法理学教授になった（二〇〇五年まで）。彼は白血病のため二〇一三年八十一歳で死亡したが、その時もニューヨーク大学の現職教授だった。

ドゥオーキンの思想は時代とともに一層大がかりなものに発展してきた。その発展は、はっきりとした境界線を引くことはしないが、大きく三つの時期に分けることができる。彼は『権利論』（一九七七年）に代表される前期にはハートの司法的裁量権論を批判して、〈裁判は諸個人の権利にかかわるものであって、政策や集合的利益を考慮に入れるべきではない〉という「権利テーゼ Rights Thesis」や〈どんなハード・ケースでも唯一の正しい答えがある〉という「正答テーゼ Right Answer Thesis」を提唱した。だがドゥオーキンは第二論文集『原理の問題』（一九八五年）から始まり主著『法の帝国』（一九八六年）に代表される中期ではさらに進んで、法というものの自体を法律や判例の総体として見る素朴な発想に代わって、市民誰もがたずさわるべき政治道徳の解釈の実践として見る「解釈としての法 Law as Interpretation」という根本的なパラダイムの転換を提唱して、新たな論争の中心となった。そして『裁判の正義』（二〇〇六年）あたりから始まる晩年のドゥオーキンは、生前の最後の著書となった大著『ハリネズミの正義』（二〇一一年）の中で、法や政治だけでなく社会道徳や個人の倫理を含む一見多種多様な諸価値を統合する壮大な全体論的価値実在論を展開した（さらに遺作『神なき宗教』〔二〇一三年〕では美的価値をもその中に含めた）。彼の著作はそれが用いる概念においても論法においてもレトリックにおいても豊かで、しばしば細部は変化するためとらえがたいが、賛同者だけでなく批判者たちも彼の思想の検討から得るところは多い。

一方、ドゥオーキンは初期から広範な一般読者の間では、妊娠中絶や安楽死や積極的差別是正（逆差別）や表現の自由などに関する多くの最高裁判所の判決や最高裁判事の指名を論評する法学者として知られ続けた。この領域における彼の重要な論文の多くは『自由の法――米国憲法の道徳的解釈』（一九九六年）に収録されている。さらに彼はもっと抽象的な政治哲学の領域でも平等主義的リベラリズムの理論家として一家をなした。この分野における代表作『平等とは何か』（二〇〇〇年）で、ドゥオーキンはロールズ以来英米政治哲学の中で盛んに論じられている「何の平等？」の論争に参加し、この分野で有力な「格差原理」や「機会の平等」とは異なる「資源の平等 equality of resources」説を提唱した（ただし彼のいう「資源」の中には、個人の才能や能力などの「内的資源」も含まれている）。分配的平等主義に関する議論の中では、ドゥオーキンの説は本人の選択によらない分配の不平等をなくそうとする「運の平等主義 luck egalitarianism」の典型として論じられることが多い。

ドゥオーキンはその理論を展開させるに際して、どの時期にもそれまでの自分の主要な主張を捨てることはなかったから、彼の理論を統一的に解釈することはできる。しかし叙述の便宜と理解しやすさを考えて、本章では彼の法理論を前期と中期に分けて説明し（2・3節）、それからハート＝ドゥオーキン論争とドゥオーキンの視野の狭さという、二つの密接に関係するテーマを論ずる（4・5節）ことにする。なお彼の最晩年の著書は価値論の面ではともかく、法理論の面では中期と大差ないと思われるので、本章では特に触れない。

また本章ではドゥオーキンの政治思想にも最小限必要な限りでしか触れない。ドゥオーキンは『権利論』や『法の帝国』の中で法解釈の方法を論ずるときに自らの平等主義的リベラリズムを強力に主張し、また具体的な法解釈や政治評論でも自分の見解を法概念論と結びつけ、そして

『ハリネズミの正義』では政治思想と法解釈と個人的な道徳とを統一的に論ずるようになった。そのため彼の政治思想と法解釈と法概念論とは別々に論じられないかのような印象を受けやすい。しかし個別的な問題・争点に関するドゥオーキンの法解釈や政治評論は平等主義リベラリズムの「ためにする議論」であることが少なくなかったので、そのような政治的立場を捨象して、もっと抽象的なレベルで彼の法解釈方法論と法概念論を理解することは、彼自身の意図には反するかもしれないが可能であるというのが私の立場である。換言すれば、私はドゥオーキンの具体的な政治思想と法解釈、法理論とはかなりの程度まで独立に理解でき、また評価できる、と考えるので、本章ではもっぱら彼の法理論——即ち、彼の場合には法解釈方法論——を取り上げ、政治哲学や生命倫理、憲法問題の領域におけるドゥオーキンの業績には触れない。

2 前期の理論

ドゥオーキンの最初の著書『権利論』は彼を一躍英米の法学界で有名にした。その中でもとくに重要な三本の論文は、〈ハートの法実証主義は司法的裁量論（judicial discretion 裁判において判事は複数の可能な判決の中から選択する権限があるという主張）を容認しているが、それは法的議論における原理 principles の存在を無視した理論だ〉として非難する「ルールのモデルⅠ」とその続編「ルールのモデルⅡ」、そして〈どんな難解な事案にも唯一の正しい答えがあり、裁判官はそれを見出すべき義務がある〉として正答テーゼを提唱した「ハード・ケース〈難解な事案〉」である。

ドゥオーキンはこれらの論文で、ハートが法を〈一次的ルールと二次的ルールの結合した体系〉として特徴づけたことを批判した。彼は言う。——ハートは、適用されるべき明確な法的ルールが存在しないような周辺的なケースでは裁判所が裁量権を行使して裁判による立法を行うと言った。〈ルール〉は白か黒かがはっきりきりされた仕方で適用されて明確な結論を出すものだが、実際には裁判官は法的推論においてルールだけでなく、程度を持った重さの問題である〈原理〉にも拘束される。原理はこのようにしてルールと区別されるが、その一方では、全体の利益でなく個々人の権利に関するという点で、〈政策〉とも区別される。立法府は政策を考慮してもよいが、裁判所は「原理のフォーラム」だから政策を考慮してはならず、ルールと原理によって当事者の権利の存否・内容を確認しなければならない（「権利テーゼ」）。またドゥオーキンによれば、権利は政策的考慮よりも強い「切り札としての権利 rights as trumps」である）。それゆえ、明確なルールが存在しないハード・ケースでも、想像上の理想的裁判官「ハーキュリーズ」ならば法全体の中に見出される諸原理を考慮することによって唯一の正答に達することができるし、現実の裁判官もその正答に達すべき責務を負っている。実際には何がその正答であるかを論証することができず、人々の見解が異なることもあるだろうが、そのような場合でも、人々は〈何が法であるかは裁判官が決めることだ〉とは思わず、〈正しい答えが一つある〉という見解において一致しているのである——。

ドゥオーキンはこの「正答テーゼ」を『権利論』以後もさまざまな論文の中で多くの批判に回答しながら弁護したが、その中で一番詳細なのは『原理の問題』に収められた「ハード・ケースには本当に正しい答がないのか？」である。彼によれば、たとえルールだけでは権利の存否が決まらなくても、さまざまな法的原理や過去の決定との整合性も考慮した上で、権利の存在を支持する考慮の方が相対的に法全体とフィットすれば権利は存在するのだし、存在を否定する考慮の方が相対的にフィットするならば権利は存在しないのである。裁判所はこの結論と異なった判決をする裁量権など持っていない。そしてドゥオーキンは、対立する両方の考慮が厳密に拮抗して引き分けになるケースは発展した法においては事実上存在しないから、原告と被告のどちらに権利があるかを述べる法命題は必ず真か偽のいずれかである、と主張する。

ハートのいう「ルール」がドゥオーキンの理解するような限定された意味のものかは疑わしく、ドゥオーキンのいう「原理」の中にはハートならば「ルール」と呼ぶであろうものもある。だがいずれにせよ少なくない人々は『権利論』の議論を〈法はルールの体系ではなく、ルールと原理からなる体系だ〉という趣旨だと理解して受け入れて、ハート的法実証主義の微調整をはかった——だからといって正答テーゼにまでは賛成しなかったが。ところがドゥオーキンは早くも「ルールのモデルⅡ」以降、自分の言いたいことはそうではなくて、〈法はそもそも特定の標準

standard の集合ではない〉ということだと主張するようになった。ドゥオーキンの問題関心は法的な権利義務が実際にどうなっているかであり、そしてその関係を明らかにするような政治道徳的な解釈の営みこそが、彼のいう「法」なのである。この思想は「解釈としての法」という総題の下で『原理の問題』に収められたいくつかの論文でも述べられたが、『法の帝国』の中で一番大がかりに展開されることになる。

前期ドゥオーキンの議論の中で特に論争を呼んできたのは、「権利テーゼ」と「正答テーゼ」という密接に結びついた主張である。ドゥオーキンは「原理」と「政策」を峻別して、後者を裁判に持ち込んではならないとするが、彼はその根拠として裁判上の問題ではすべての権利の存否が確定しているという論争的な前提を天下り的に持ち出すだけで論証に成功していない。ドゥオーキンはまた「正答テーゼ」を擁護するために、裁判の実践がそれを前提としているという「事実」を持ち出すとともに、具体的ないくつかのハード・ケースで彼の考える「正答」を論証する試みを行ったが、もっと確固たる判断基準を求める批判者を満足させることはできなかった。

3 『法の帝国』とその後

ドゥオーキンは法哲学上の主著と言える『法の帝国』において、自らの法理論を「純一性（「統合性」という訳語もある）としての法Law as Integrity」と名づけて体系化を試みた。

この本の最初の2章でドゥオーキンは、〈これまでの法哲学者たち、特に法実証主義者は、「法」が何であるかに関する基準――たとえばハートの「承認のルール」――を法律家たちが共有していると想定していたが、実際には彼らの間に一致した見解はない〉と主張する。これらの理論家たちは「意味論の毒牙semantic sting」に嚙まれていて「法」という言葉の定義にとらわれてきたが、法理論の本当の課題は法実務を最善の仕方で解釈する法概念の探究だ、というのである。このような解釈は「構成的解釈constructive interpretation」と呼ばれる。この書でドゥオーキンが提唱した法理論方法論の革命は「解釈的転回」と呼ぶことも「〈反言語論〉的転回」と呼ぶこともできよう。

続く第3章「法理学再論」でドゥオーキンは、「法実務の最も抽象的で根本的な存在理由は政府の権力を統制し拘束することにある」、そしてまた「法の最も一般的な意味ないし存在理由は過去の政治的決定と現在の強制との間に正当化の関係を打ち立てることにある」（邦訳、一五八、一六五頁）と言う。両方をまとめると、法の実践の（そして、法理論の）存在理由は、国家の権力行使を正しい政治道徳に従わせることによって正当化することにある、ということになるだろう。これはハートなど法実証主義者たちの問題意識とは全く別物である。

『法の帝国』第4章から第7章は、そのように解された法についての三つの「法観念」を検討する。ドゥオーキンのいう「法観念」とは、実際には法解釈の一般理論として理解できる。その第一は、過去の決定との整合性を予測可能性や期待保護という理由から重視する「慣例主義 conventionalism」であり、第二は過去の決定との整合性の価値を認めず、将来への影響だけを考慮して、裁判はよき社会に関する信念に従って行われるべきだとする「プラグマティズム」であり、第三は過去の決定との整合性を重視するが、「慣例主義」と違って慣例として認められてきた権利義務だけでなく、過去の政治的決定の中に見出せる道徳的な原理をも法だと考える、彼自身の「純一性としての法」である。

ドゥオーキンは、〈慣例主義は一見法実務と調和するように見えても、それが重視する「慣例」は実際には存在しない〉とか、〈期待保護は実現できないことが多いし、そもそもあまり重要な価値ではない〉といった理由で慣例主義を斥ける。慣例主義は英米でいう古くからの「形式主義 formalism」と大体同じと思われるが、それに対する批判がどのくらい妥当かは問題である。第一、法の世界で「慣例」が存在しないなどという主張は、同じくドゥオーキンがハートに反対して唱えた〈「承認のルール」は存在しない〉という主張と同じく、ハッタリの効いた誇張でしかない。慣例が存在しなかったりその内容が不明確だったりするケースはたくさんあるだろうが、だからといって多くのケースで慣例が存在することまで否定はできない。そして人々の期待の保護も社会的に無視すべきでない価値を持っているだろう。

次にドゥオーキンによると、プラグマティズムは、法実務とは調和しない。またそれは個々の裁判官が自らのよき社会についての信念に基づいて判決を下すことを求めるが、その信念はさまざまだし、この思想は法に内在する原理の存在を否定するから、法の純一性を無視することになってしまう、と批判される。ドゥオーキンが「プラグマティズム」の名で呼んでいる法理論の代表は、一九三〇年代のアメリカで勢力を持ったリアリズム法学だが、一九七〇年代以降アメリカの法学界を席巻している「法の経済分析」もそれに含まれる。裁判官の「よき社会」観がさまざまだというのはその通りかもしれないが、同じことが法的原理についての見解についても言えるのだから、ドゥオーキンの理論をとっても個々の裁判官の信念によって判決の内容が変わることは避けられない。

ドゥオーキンの提唱する「純一性としての法」とは、国家が正義の観念を統一的なしかたで実現しようとすることを要請するものである。彼によれば、純一性は正義や公正とは別個の価値である。そのことは、さまざまなケースを恣意的に異なった仕方で決定するチェッカーボード的な制定法をわれわれが認められないということからも明らかだ、と言われる。「純一性としての法」という観念は、市民の政治的責務の根拠を提供し、国家権力の道徳的正当化に成功するという理由でも擁護される。ドゥオーキンは裁判官が過去の政治的決定を首尾一貫した魅力的なものとして解釈する方法を、複数の作家が一つの小説を書き継いでいく「連鎖小説」の執筆にたとえる。

『法の帝国』の第8章から第10章は、「純一性としての法」が具体的にいかにして法解釈を行うかを詳しく述べている。第8章「コモン・ロー」では事故法の論点が取り上げられ、功利主義及び「法の経済分析」の「富の最大化」論がやり玉に挙げられる。ドゥオーキンがその代わりに提唱するのは「資源の平等」原理である。第9章「制定法」と第10章「憲法」は共に立法者あるいは憲法制定者の意志を実現しようとする原意主義を批判して、裁判所が積極的に法の道徳的解釈と違憲立法審査を行うことを推奨する（ただしその後アメリカの最高裁判所がレーンクイスト首席判事の下で政治的に保守化すると、ドゥオーキンはあまり司法積極主義を賞賛しないようになったが、それを撤回はしなかった。彼に言わせると、悪いのは司法積極主義自体ではなくて、近年の最高裁判事の任命だと言うのである。『ハリネズミの正義』第18章末尾を見よ）。

ドゥオーキンは『法の帝国』でもそれ以後の著作でも、『権利論』で行った「ルール」「原理」「政策」の三分法のうち、原理と政策の区別は残すが、ルールと原理の区別を暗黙のうちに捨てている。『法の帝国』の「慣例主義」を論じた章で「確立された法的慣例 established legal conventions」と呼ばれるものは、実質的に「ルール」と同じ対象を指しているのだろう。だがここでドゥオーキンは、そのような慣例もさらに解釈を必要とするから単純に結論を導き出せない、と主張する。後期のドゥオーキンは、適用されれば単純に決着がつくような純粋な「ルール」などは存在せず、どんな事案でも必ず原理が考慮されるべきだ、と考えるに至ったのだろう（このことを日本法で言えば、時効や除斥期間の規定は権利の存否に明確な決着をつけるように見えるが、個々のケースで時効を主張することは権利の濫用だとか信義誠実に反するとかいった理由で容認しないことも可能だから、完全な「ルール」ではない、ということになろう）。実際ハートも『法の概念』「後記」第3節（ii）「ルールと原理」の中で、ドゥオーキンのいうルールと原理の違いは程度の問題であって厳密に分けることはできないと主張することになる。結局ドゥオーキンが『権利論』で「原理」と「ルール」の区別を主張したのは、そうすることがハートの司法的裁量論を批判する際に便利だったからにすぎなかった。

「純一性としての法」という主張に戻ろう。ドゥオーキンはこの法観念を提唱し「慣例主義」と「プラグマティズム」の法観念を批判する際に、それらが①実際の法実務とどのくらい適合しているかと、②法実務を最善のものたらしめているかという二つの基準を持ち出す。私はアメリカ法の研究者でないから①の基準についてはは自信をもって判断できないが、少なくとも②の基準に関しては、「純一性としての法」が他の二つの法観念よりもすぐれているとは思えない。多くの人々は州あるいは自治体ごとに州法あるいは条例の内容（その中にドゥオーキンのいう「原理」を含めてもいい）が異なっていることにあまり強く反対していないし、裁判官によって判決の内容が異なることもやむをえないと思っているだろう。むしろドゥオーキンのいう「純一性」の実質的内容は、期待の保護とか「等しきものは等しく扱え」といった手続的正義の観念で表現できる部分が大きい。そしてこれらの考慮は「慣例主義」でも尊重されてきたものである。

『法の帝国』の最終章「法を越える法」の「エピローグ――何が法か」は、ドゥオーキンの法理論の基本的発想を極めて抽象的な形で圧縮している。

「法は解釈的な概念である。裁判官は、何が法かを判断する他の裁判官の実践を解釈することによって、何が法かを判断しなければならない。われわれにとって、法の一般的諸理論とはわれわれ自身の司法的実践の一般的解釈に他ならない。」(邦訳六二四頁)

「何が法なのだろうか。ここで別の種類の答えを提示しておこう。法というものは、それぞれ別個の行動領域に対して自らに固有の支配権を及ぼすような個別的なルールとか原理の目録に尽きるわけではない。また、われわれの生活の部分的領域をそれぞれ規律するような公職者や彼らの権限の一覧表に尽きるわけでもない。法の帝国は態度によって定義づけられるのであり、領域とか権限とか手続によって定義づけられるものではない。[……]この態度は、日常生活に浸透していてはじめて裁判所の中でもわれわれの役に立ちうるものとなるのである。それは、最も広義の意味での政治へと向けられた解釈的で自己反省的な態度である。[……]最後に、法は一つの同胞的な態度である。われわれはそれぞれ異なった計画や利害関心や信念を抱いてはいるものの共同体へと統合されていることを、法は表現しているのである。いずれにしても、以上のことがわれわれにとって法の意味するところのもの、つまり、われわれがそうありたいと思う人間、そしてわれわれが形成しようと目指す共同体にとって法が意味するところのものなのである。」(同上、六二九―六三〇頁)

これらの引用文を読むと、ドゥオーキンの頭の中にはずいぶんたくさんの種類の「法」概念が衝突せずに同居していたようだが、それは彼が「意味論の毒牙」に嚙まれず、〈法の概念規定〉といった問題を重視していなかったからだろう。いずれにせよここでドゥオーキンは、法は法律家だけが関心を持てばよい規則の体系などではなくて、あらゆる市民が参加すべき解釈の実践であるという、共和主義的な思想を説いている。

その後のドゥオーキンの法哲学上の重要な著作は論文集『裁判の正義』（二〇〇六年）である。ここで彼はプラグマティズム、原意主義（**originalism.** 憲法解釈においては憲法解釈者の元来の意図に従うべきだという思想）、法実証主義、道徳的多元論などの論敵をさらに批判することによって、政治哲学と分かちがたく結びついた自らの法理論を擁護する。今でも正答テーゼは維持されているという主張など、後期の彼の法理論をよりよく理解するためには欠かせない本だが、『法の帝国』と基本的な主張に変化はなく、自説の展開以上にさまざまな他説の批判に重点が置かれている。『裁判の正義』に収録されたハート批判論文は次の節で紹介する。

4　ハート＝ドゥオーキン論争の展開

法理論の性質に関するラズとドゥオーキンの見解

『権利論』に収録された論文でドゥオーキンの批判を受けたハートは、自らの『法学・哲学論集』に収録されることになる二編の論文の中で、特にその正答テーゼに対して反論を加えた（その内容の一部は次の節で引用する）。ドゥオーキンは『権利論』増補版の付録「批判者への返答」の中で片方の論文に言及して、〈ハートたちは法的ルールなどの諸基準からなる「現存する法 **existing law**」なるものが存在すると信じている。そして彼は私（ドゥオーキン）がその内容を実際以上に詳細なもののように考えているとして批判している。しかし私は「現存する法」という観念自体を否定しているのだ〉と答えた。木で鼻をくくったようなこの返答は少々謎めいている。「現存する法」があるということを一体誰が否定できるだろうか？　しかしその後ドゥオーキンはこの発想を『法の帝国』によって大がかりに展開した。それに対してハートはドゥオーキンの議論のとらえ難さに困惑しながらも再批判を書いた。その内容は生前短いコメントの形でしか発表されなかったが、没後『法の概念』第二版（一九九四年）への「後記」としてもっと詳しいヴァージョンが公刊された。そしてドゥオーキンはまたそれに対する反批判を書いたわけだが、このハート死後の論争を見る前に、まずラズの一論文を紹介しよう。

ラズは「法の性質に関する問題」(初出一九八二年)という論文の中で、「法の性質や法的なものの境界画定に関する研究」への三つのアプローチを論じた。第一のアプローチは「法」とか「法的」といった言葉の研究に関心を集中させる、ジョン・オースティンのような「言語的アプローチ」である。ラズは〈われわれが法的言明だと判断するものを行うために用いる文章のすべてがこのような用語で分析できるわけではない〉という理由で、このアプローチを斥ける(第1節)。第二のアプローチは、「法は、裁判所がその決定を正当化する場合に依拠することが適切である考慮に関係している」という基本的前提が法理論の主題を確定するとみなす、「法律家のパースペクティヴ」である。

ラズによれば、「アメリカの理論家たちは、法律家のパースペクティヴを受け入れるだけでなく、裁判所が使用しうる考慮はすべて法的なものであるという結論に飛躍した。この伝統の最も洗練され完成された代表者は〔……〕裁定理論から法の理論を発展させたドゥオーキンである」(邦訳四五頁)。ラズはこのアプローチも斥ける。その理由の一つは、そのアプローチでは裁判所の用いる考慮のうち、どれが法的で、どれがそうでないかを区別できない、というものである(第2節)。第三のアプローチは、法を他の社会的・政治的諸制度一般の広いパースペクティヴの中に位置づける「制度的アプローチ」で、その現代の代表者はハートとされる。ラズ自身の支持するこのアプローチから見れば、法律家のパースペクティヴは確かに重要だが、それを究極的な出発点とするのは恣意的で、法理論はそのパースペクティヴから離れて立たねばならない（第3節）。

私は以上の分類と議論に大体納得するが、ドゥオーキンは『法の帝国』の第1章「法とは何か」の中で、名指ししてはいないものの、右のラズの分類に反対した。ドゥオーキンはその章において、制度的アプローチは結局のところ言語的アプローチに帰するが、両者のアプローチとも、法律家のパースペクティヴを記述しようとする誤った試みである、と見なしている。直接ラズに言及してこそいないが、彼はこう書いているからである。

「しばしば次のように主張されている。すなわち、私が意味論的と呼ぶ諸理論の目的は、その呼び名が示唆するような、「法」という言葉が何を意味するかに関する理論を展開することにあるのではなく、むしろ、社会現象としての法に特徴的に見られる際立った性質を明らかにすることにある、と。〔……〕しかしこのような対比自体が、誤解を招きやすいものである。私が念頭に置いている哲学者たちは〔……〕「社会現象」としての法に認められる最も特徴的な様態は、法制度に参加する人々が法命題（propositions of law）を提示し、これについて討論すること、そしてこれらの法命題が受け入れられるか拒否されるかを通常は決定的に重要なものと考えていることにある、という点を認めている。法実務のこのように中心的で広汎に認められる様態を、古典的な諸理論は、法命題の意味を記述することによって、

――これらの命題は、これらを用いる人々にとって何を意味しているかを記述することによって――説明しようと試みるのであり、この説明は、比較的古いやり方で「法」の定義という形態をとるか、あるいはより最近のやり方に従って、法命題の「真理条件」――すなわち、その中で法律家たちが法命題を受け入れたり拒否したりするようなやり方――の説明という形態をとるかのどちらかである。」(『法の帝国』七七―七八頁注(29))

あえてやや長い引用をしたのは、ドゥオーキンが自説とは異質な理論をどのように自分の問題関心に合わせて歪曲しているかを示すためである。極端な外的視点だけに立つのでない限り、いかなる法理論も、社会現象としての法の特徴が〈参加者が法命題について内的視点から解釈する〉という点にあることを認めるだろう――それが一番の特徴であるかどうかは別として。しかし言語的アプローチも制度的アプローチも、この特徴を法命題の意味の記述によって説明しようなどとはしていない。そもそも個々の法命題の意味の記述によって、社会現象としての法なるものの特徴を説明しようとすること自体が的外れである。

ハートの「後記」におけるドゥオーキン批判

ハートは『法の概念』「後記」の中で、この点を今引用したドゥオーキンの文章との関係で指摘した。

「法命題は典型的には、「法」（"law"）とは何かについての言明ではなくて、特定の法がどうなっているか（what *the law* is）、すなわち、ある体系の法（the law of some system）が人々に何を許可したり要求したり授権したりしているか、についての言明である。だからそのような法命題の意味が、定義や法命題の真理条件によって仮に決定されるとしても、そのことから、「法」という言葉の意味こそが法をある特定の基準に依存させるという結論には導かれない。」（『法の概念』原書二四七頁）

制度的アプローチは、そしておそらく言語的アプローチの多くも、法（という社会現象）一般の特徴を説明しようとしている。その法理論が特定の法体系の内容や法源を同定することがあっても、それは例証としてそうするにすぎない。ところがそれとは全く違う問題関心に導かれているのがドゥオーキンの法理論である。それは裁定［司法的判断］（adjudication）理論——裁判官がいかにして判決に到達するか、また到達すべきかに関する理論——を中心に置いており、彼独特の刺激的な法概念論はむしろその派生物である。法命題の意味の記述をするのは制度的アプローチをとる法哲学ではなくて法解釈学の仕事であって、ドゥオーキンの法理論は、現代アメリカの法解釈学の基礎理論として意図されているのである。

ドゥオーキンの裁定理論は彼のわかりにくく誤解されやすい法概念に結びついている。しばしば彼による法実証主義批判は、〈法は確立されたルールだけからなるシステムではなくて、それほど表面化されない原理からも成っている〉という趣旨だと理解されたが、これは誤解だということはすでに述べた。彼の考える「法」は、むしろ国家による強制が正当化されるような権利義務関係の総体である――というよりも、彼の関心は法的な権利義務が何かにある。そしてその関係は道徳に依存せずに社会的事実によって決定されるものではなくて――彼はそのような見解を「「明瞭な事実 **plain facts**」説」と呼ぶ――、法実務を全体として最善の光の下に示す解釈、つまり政治道徳的にもっともよく正当化するような解釈によって定まる。その解釈の営みこそが法の実践に他ならない。この点は前節に引用した『法の帝国』の最後の文章で雄弁に述べられたところである。

法の解釈にはしばしば争いが生ずるが、ドゥオーキンによれば、この場合でも解釈者たちは法がどうなっているかについて正しい答えがあるという前提の下に議論をしているのである。そうでもなければ、彼らの回答が衝突するということもありえない。ドゥオーキンの用語法では、日本で「法源」と呼ばれるものは、「解釈以前」(**preinterpretive**) のデータにすぎず、それ自体は法ではない(『法の帝国』一〇九頁)。ドゥオーキンがあげている例ではないが、法文や過去の判例それ自体が法だと考えるのは、音楽の演奏ではなくて楽譜自体が「音楽」だと考えるような誤りなのだろう。彼のいう「法」は、解釈の場で初めて問題になる。それは、解釈者たちによって内容が争われるが、彼らが同一の対象について論じていると考えている、そのような概念なのである。解釈者たちがもしそう考えていないならば、彼らはそもそも異なった概念について語っていることになる。

法概念論から話を戻すが、制度的アプローチをとるハートの法理論とドゥオーキンの法理論の問題関心の違いは、ハートが明確に特徴づけている。以下しばらくハートの議論を追ってみよう。

ハートは言う。——私［ハート］の法理論は特定の法体系や法文化に限定されないという意味で一般的であり、道徳的に中立で正当化の目的を持たないという点で記述的だが、ドゥオーキンの法理論は英米法という特定の法文化に向けられており、法的実践を「最善の光の下」で見ようとする点で部分的に評価的である。こういうわけで両者は全く異質の試みだから衝突するわけではない。ドゥオーキンが私などの法実証主義をあえて「慣例主義」なる評価的法解釈理論の一種として批判するのは私の理論の解釈としては誤りである。もっともドゥオーキンは一般的で記述的な法理論は役に立たないかのように考えているが、その論拠は正当でない。彼は法理論は内的視点を考慮しなければならないと言う。しかし記述的な法理論家は自分自身で内的視点を取るわけではないが、それを十分に説明できる。ドゥオーキンはその明らかな可能性を無視している。法の記述は法律家が評価的な仕方で法的問題を解決するという事実を記述できるが、評価の記述もやはり記述には違いない。ドゥオーキンは自分のいう「解釈的」問題だけが法理論の問題ではないと譲歩しているが、その譲歩は表面上のものにすぎない——（『法の概念』「後記」1）。

私は右のハートによる批判は完全に正当であると考える。ドゥオーキンは「われわれにとって、法の一般的諸理論とはわれわれ自身の司法的実践の一般的解釈に他ならない」（『法の帝国』六二四頁）と言ったが、なぜそれ以外の法理論があってはならないのだろうか？　実際、法に関する外的視点からの経験的研究や、ハートのように内的視点をも考慮に入れた法の記述的・一般的理論は、これまで多くの知見を与えてくれた。ドゥオーキンはこれらがみな見当はずれの研究だったというのだろうか？　裁定理論だけが有意義な法理論であるかのような彼の主張は独善的である。

おそらくドゥオーキンは、法の記述は必ず評価を含んでいるから、純粋に道徳的に中立的な法理論などありえない、と考えていたのだろう。彼によれば、法とは政治道徳の一部であって、社会的な事実ではないからである。しかしそれは法解釈に内部から参加している人からは言えることであっても、一面の真理にすぎない。外国や過去の法制度については誰でも外部からの観察者として見ているし、自分自身が生きている社会で通用している法についても外的な視点から見ることはできる。それはちょうど母語を外国語と比較したり、自分の利害を他人の利害と平等に評価したりすることが可能なのと同様である。

ドゥオーキンは後述の『裁判の正義』の中で「ソレンセン事件」という架空のケースを持ち出して、〈ハートの法理論は中立的だと自称しているが、たとえばこのケースでは被告側に味方することになるから中立的でない〉と主張する（二〇八頁）。だがこの批判は間違っている。仮にハートの法理論がソレンセン事件で片方の当事者に権利があるという結論を出すものだとしても、ハートは内的視点に立ってそう言っているわけではなくて、その法体系に属する法律家の判断を記述しているからである。内的視点に立つ人々は確かに中立的でないだろうが、彼らを記述するハートは中立的である。

またドゥオーキンの法理論は英米の法文化だけに向けられているから一般的なものではない、というハートの指摘に対して、ドゥオーキンの立場からは、アメリカ法の実践はアメリカだけにとどまらない普遍性を持っていると答えることもできただろう。というのは、彼はアメリカ法が今日のすべての法体系の中で最高のものであり、世界中の国々はすべてそれを模倣すべきだと考えていたらしいからである。ドゥオーキンが珍しくイギリスの法文化を論じた「政治的な裁判官と法の支配」（『原理の問題』第1章）という論文で、彼はイギリスの裁判官もアメリカの裁判官のように「政治的」になって司法積極主義をとることを勧めている。また「原意主義と忠誠」（『裁判の正義』第5章）という論文の末尾では、「政治道徳に対するわが国の最も根本的な貢献」――その具体的内容は立憲民主政と呼べるだろう――を讃えてこう言った。

「われわれはわが国の冒険のゆえに［……］羨望の的になってきたのであり、ストラスブールからケープタウンまで、ブダペストからデリーまで、いまや世界中で以前にもまして模倣されている。世界中の他国の人々がわが国の例にならって自分たちの中枢 nerve を得つつあるときに、われわれの中枢を失わないようにしようではないか。」（邦訳一七七頁）

しかしアメリカ人以外でこの主張に無条件に賛同する人は多くないだろう。ましてドゥオーキンが民法（や、例は少ないが刑法）のケースで行う法解釈の方法は、英米のようなコモン・ローの法体系の外では応用できる範囲が限られている。

『裁判の正義』におけるドゥオーキンの反批判

前記のハートの「後記」に対して、ドゥオーキンは二〇〇六年の論文集『裁判の正義』の随所、特に第6章で反論を加えたが、その本の序論「法と道徳」は法概念の新たな区別を行っている。ドゥオーキンはここで「学理的（doctrinal）」、「社会学的（sociological）」、「分類学的（taxonomic）」、「熱望的（aspirational）」という四種類の法概念を導入し、さらにこの学理的法概念の探究を「意味論的段階」、「法理学的段階」、「学理的段階」、「裁決的段階」の四つの段階に分けて、論敵の見解を位置づけ、彼らがこれらの区別を無視していると論ずる。ドゥオーキン自身のいう「法」は学理的概念であって、その四つの段階すべてについて述べているが、法実証主義や原意主義、プラグマティズムの法理論は学理的法概念についての理論なのにその四段階のうちの一つについてしか語らない、とも言われる。だが私にはこの本におけるドゥオーキンの反批判が成功しているとは思えない。

ドゥオーキンはハートの法理論に対して、ラズのハードな実証主義にはあてはまるがハートのソフトな実証主義にふさわしくない「源泉テーゼ」という不適切な名前を与え（ドゥオーキンは三〇五―三〇六頁で、ハート自身がそう呼んだとするが、その典拠は与えられていない）、それが記述的だというハートの主張を批判して次のように論ずる。――もしそれが記述的だとすれば、それは①法律家が法的主張を行っているときに彼らが従っている言語的基準についての意味論的主張か、②虎とか金とかいった「自然種」として考えられた法の本質に関する主張か、③経験的な一般化であるかのいずれかである。しかし①については、法律家に共有されている基準など存在しない。②については、法が自然種だと考える人などいない。③については、ハートも他の法実証主義者もそんな経験的研究などしなかった。また極めて多種多様な法制度の中に共通する本質など存在しない――。

私がこの主張に納得できない理由は次の通りである。ハートの法理論は③の経験的一般化だと解するのが適当だが、それはドゥオーキンの否定的評価とは反対に、内的視点と外的視点の区別、二次的ルールの特徴など、豊かな知見を与えた。それらにドゥオーキンが関心をもたないのは勝手だが、誰もがドゥオーキンと同じ関心を持っているわけではない。ハートが『法の概念』の序文でこの本を「記述的社会学」の一例だと書いたのは確かに行き過ぎで、そう主張するにはハートは安楽椅子社会学者の気味が強すぎた。だが少なくともハートは『法の概念』の中で法人類学や法史学の書物に言及し、そこからの知見を利用している。それはドゥオーキンがしなかったことである。

またドゥオーキンは法の経験的研究について奇妙な想定をしている。〈ハートなどの法実証主義者は、すべての法に必ずあてはまる本質的構造を法は持っていると信じているが、そんな「本質」は存在しない〉とドゥオーキンはいうが、法実証主義者はそんな本質的構造の存在を信ずる必要はない。古今東西の法は極めて多様だからそのすべてにあてはまるような「本質」は存在しないだろうが、それらの間にはもっと緩やかな「家族的類似 family resemblance」や「焦点的意味 focal meaning」ならばありそうである。その解明は法に関する理解を深める。たとえば（かつての？）国際法のように普通の「法」が持つ要素を欠いている法体系もあるということは、その相違を説明できる限り反論にならない。この研究では「法」という言葉の用法が重要な手掛かりになるが、何が「法」という言葉の正しい用法や一般的な用語法であるかよりも大切なことは、言葉の用法の検討から生ずる、法的事象についてのよりよい理解である。「法」に限らず、たとえば「奴隷制」でも「貨幣」でもいいが、社会科学や人文科学の大部分の概念は「本質的構造」など持たない。

なおドゥオーキンは「法」や「正義」や「民主主義」は論争的な政治的概念で、その正しいとらえ方（conception「構想」と訳す人もいる）が何であるかについて人々は議論するし、またそうすべきだと考えている。しかしたとえば、〈「民主主義」という言葉にはたくさんの意味があるというのが実態だ。その中でこれこれしかじかこそが「真の民主主義」だと主張するよりも、それらの意味を明らかにして比較検討して、どの場合にはどの意味の「民主主義」がふさわしいかを論ずる方が論点が明確になり有益だ〉という考え方もある。「正答テーゼ」に賛成せず、ハード・ケースでは複数の回答が可能だと信ずる人ならば、この考え方に共感を持つだろう。

5　限られた視野

外的視点の無視

すでに前節でハートによるドゥオーキン批判を紹介する中で私自身の見解も述べたが、本節では私見を順序立てて述べ、それに対してドゥオーキンの立場を擁護する主張としていかなるものが考えられるかを見てみよう。なお私はそれらの擁護論に彼自身が賛成するとは必ずしも思わない。彼は徹頭徹尾内的視点から法を論じているために、外的視点からの批判に対してピントの合った仕方で回答することがしばしばできなくなっているが、私が以下で検討する擁護論の中には、両者の視点の存在を自覚的に認めるものがあるからである。

第一の批判としては、すでに述べたように、ドゥオーキンは法への内的視点ばかりを重視するということがあげられる。彼は「外的視点と内的視点という、法に関するこれらの二つのパースペクティヴは、ともに本質的に重要であり、一方の視点は他方の視点を包含し、一方は他方を考慮に入れなければならない」(『法の帝国』三三頁)と一応言っているが、それはリップサーヴィスにすぎない。実際には彼の法理論の中で外的視点は事実上無視されている。

もっとも内的視点を重視する論者は次のように答えるかもしれない。――法の最も重要な特徴は、内的視点からの解釈の実践だということである。この実践に自ら参加していない部外者は、内的視点に言及するという間接的な仕方でしか、法を理解できない。それ以外の純粋に外的な視点から法を理解することはできないのである。それはちょうど、将棋のルールを知らない人が将棋の戦法や指し手の意味を語ることができないのと同様である。部外者の視点を混入させることは法の正しい理解を妨げてしまう――。

しかし法現象は確かに内的視点を考慮することによって適切に説明できることも多いだろうが、外的視点をとる方が適切に説明できることもまた多い。たとえばある法律が、内的視点をとる人々が受け入れている理由のために制定されたと考えるよりも、ある集団の既得利益を保護拡大するための手段として制定されたと考える方がよほどもっともらしい場合は多い。ドゥオーキンの内的視点は、このような場合であってもその法律を最善の光の下に見ようとする視点だが、ここではそれは内的視点だけをとっているわけではない人々には説得力がない。

なぜ内的視点が法現象の解明にほとんど役立たないことがあるのか? その原因は第一に、〈一般の私人をはじめ法現象にかかわる当事者の多くはいつでも内的視点をとっているわけではない〉という自明の事実にあり、また〈多くの法現象は当事者たちの主観的な意図や解釈から離れて生ずる。たとえば、ある法制度がすたれ、別の制度が発展するというマクロレベルの法現象がある〉という事実にもある。

特に前者の事実は、法とそれ以外の多くの制度やゲームを分かつ重要な特徴である。例にあげた将棋をはじめ、ゲーム（人間行動全般を「言語ゲーム」と呼ぶ場合のような比喩的な意味でなく、本来の意味でのゲーム）は、それに対する内的視点をとる人々だけを拘束する。また任意的な制度はそれに参加しようとしない部外者に義務を課するものではない。これに対して、法は内的視点をとる人々だけでなく、それが設定する領域内のすべての人々を否応なしに拘束しようとするものである。

ドゥオーキンは『法の帝国』の冒頭近くで「われわれは、法の帝国の臣民であり、法の方法と理念に忠誠を誓った臣下である。そして、このような臣下としてわれわれが何を行うべきかを討議するとき、われわれの精神は一つに結ばれる」（同上、一頁）と言うが、この詩的な表現は端的に誤りである。法の帝国の中には、その方法と理念に忠誠を誓っていない居留外国人——その中には普通の意味での国民も含まれる——も大勢いる。ゲームについて語る際には内的視点だけから論じても害はあまりないが、それに対して法は、外的視点しかとらない人々にも直接強制力をふるうから、理論的にも実践的にも、外的視点を軽視する法理論には難点がある。

もっともドゥオーキンは、市民は政治的共同体の一員として法への積極的な内的視点を持つのが当然であると見なしている。法理論は市民のそのような集団的アイデンティティを正当化し強化しなければならない、とも彼は考える。ドゥオーキンによれば、「純一性」を持つ政治共同体においては――

「政治的責務とは［……］共同体が下した別個の政治的決定を単に一つ一つ遵守していくことではなくなるだろう。［……］すなわち、それは原理の体制への忠誠を意味することになり、各々の市民はこの体制を自らの共同体の体制として――究極的には自分自身にとっての体制として――一体化していく責任を負うことになる。」（同上、三〇〇頁。第6章全体も見よ）

「法は一つの同胞的な態度である。われわれはそれぞれ異なった計画や利害関心や信念を抱いてはいるものの共同体へと統合されていることを、法は表現しているのである。［……］法の意味するところのもの、つまりわれわれがそうありたいと思う人間、そしてわれわれが形成しようと目指す共同体にとって法が意味するところのものなのである。」（同上、六二九―六三〇頁）

ここでドゥオーキンのこのような共和主義的政治思想を検討する余裕はないが、私は今引用した文章について、自他共に許す「プラグマティスト」のリチャード・ポズナーが「私はこのような大層な文章から何も引き出せない」と書いているのに共感せざるをえない。いや、自由主義的観点から見れば、国家を誰もが一体化すべき運命共同体のように見なすドゥオーキンの思想は積極的に厭わしいものである。国家はそこから脱退することが極めて難しい非任意団体であるとともに、その成員に納税（さらに国によっては強制労働や兵役まで）をはじめさまざまな義務を課する権力的団体であって、それだけに一層、個々人に内面的な忠誠を要求する資格などない。私はドゥオーキンの「政治的共同体」に住みたくない。

また事実問題として、どんな国でも内的視点を持たない人々も多いということは否定できない。別の言い方をすれば、ドゥオーキンが要請し想定しているのは、法律家でなくても、自分から積極的に法実践に参加しようとする「市民」だが、現実には法に対してもっと消極的な態度しか示さない「私人」と呼んだ方がふさわしい人々も多いのである。

裁定理論の排他的重視

次に批判したいのは、ドゥオーキンは内的視点の中でも裁判官（とせいぜい弁護士）の視点ばかりを重視するということである。前章で述べたように、内的視点にもさまざまなものがある。法を執行する行政官の視点、立法を行う議員の視点、法律行為を行う私人の視点、法解釈を行う法学者の視点——これらはみな、少なくとも表面上は内的視点をとっている人々が裁判所の外で行動しているときにとっている内的視点だが、ドゥオーキンは裁定理論の中で考慮する場合を除いては、内的視点のこれらのタイプに関心を示さない。その理由は、彼が法の実践を「論証的」

活動と見なしているという点にあるようだ（同上、三三一―三三三頁）。彼は言う。

「一般の市民や政治家や法学教師もまた、法とは何かについて関心をはらい議論することは確かであり、私は、裁判官の論証ではなくてこれらの人々の議論をわれわれのパラダイムとして採用することもできるだろう。しかし、司法上の論証の構造は、典型的に見て、より一層明確であり、司法上の推論は、他の形態の法的ディスコースに対して一定の影響を与えているが、これと相互的に後者が司法上の推論に影響を与えることは、あまりないからである。」（同上、三三五頁）

立法における推論は、規範的にも記述的にも司法上の推論とはかなり異なるはずである。たとえば前者は未来向きで政策志向だが後者は過去向きで不正の矯正を目的とすることが多い。しかしその点を別にすると、ドゥオーキンのこの主張にはある程度の説得力がある。法解釈学者が判例の議論を重視するのも、この理由からはもっともである。だがそれだからといって裁定理論ばかりを重視するのはやはりおかしい。

どんな社会でも法的紛争は避けられないのだから、何らかの裁定機関は法体系に欠かせない。しかし裁判に持ち出されて争われることがないような、論争的でない法的実践も多い。むしろその方が裁判で争われる事例よりも法現象の中では中心的で、実践的にも認識的にも重要だとさえ言える。法理論において裁判ばかりを重視することは、人々の健康状態を考える際に病院の患者だけをデータにとるようなものかもしれない。ところがドゥオーキンのアプローチでは裁判以外の法実践は不当に無視されかねない。彼は法を論争的概念に関する解釈の実践として見るから、法の中で非論争的な部分はそもそも「法」ではなくなってしまう。『法の帝国』における慣例主義批判からもわかるように、ドゥオーキンは人々の期待保護を重視しない。予測可能性や取引の安全の保護は、彼の法理論の中では継子扱いされる価値である。しかし法が果たすべき重要な機能は、人々に行動の指針を与えることにある。そしてそのためには、法の内容はたいていの場合解釈の必要がないような明確なものでなければならない。

なお最後に、法的紛争もその多くは調停や私的な交渉、紛争処理機関やＡＤＲ（Alternative Dispute Resolution 裁判外紛争解決手続）を通じて裁判外で解決されるということも付け加えておこう。裁判だけが法ではないのである。

判決の議論の排他的重視――「正答テーゼ」再考

法実践の中で法的論証が特に重要だということを認めても、判決における裁判官の議論の仕方を金科玉条のように取り扱うべきではない。裁判所の論証には次のような特色がある。第一に、それは何よりも特定の事案の解決を目的とするものだから、判決の議論は一般化に適さないかもしれない。いわゆる「筋の悪い」事件とはそのようなものを言うのだろう。次に、判決の議論は必ずしも裁判官の思考を忠実に表わしていないかもしれない。たとえば裁判官は、本当は法の欠陥を政策的判断によって埋めていると考えていても、判決理由の中ではその判決が法の唯一命ずるところであるかのように書くかもしれない。

ドゥオーキンが自説の支えとして裁判官の推論を持ち出す典型例はまさに、〈どんなハード・ケースにおいてもただ一つの正しい答えがある〉と主張して、法実証主義が認めていると想定された司法的裁量を否定するときだから、その議論を見てみよう。またこのことは彼の法理論の中でも特に議論を呼んでいる部分である「正答テーゼ」の理解にも資するだろう（なお『法の帝国』以降のドゥオーキンは暗黙のうちに正答テーゼを捨てたという解釈があるが、私は賛成しない。もし「正答テーゼ」を捨てたならば、ドゥオーキンは他の裁定理論を批判する理由の多くを失うだろう。その後の『裁判の正義』第1章では、「唯一正答テーゼ the one-right-answer thesis」という表現さえ使われている)。

ドゥオーキンは「正答テーゼ」を主張する際、判決における裁判官の議論を持ち出して、〈ハード・ケースにおいては法は存在せず、裁判官は判決によって法を創造する〉という法実証主義の主張は裁判過程の誤った記述であると主張する。彼によると、法実証主義のこの主張が正しいならば、裁判官はハード・ケースにおいて、（A）従わねばならない法が常に存在するとは信じていないのに、「あるべき法」を「法」と呼ぶことによって、法があたかもどんな場合にも存在しているかのようなふりをして自説を述べて公衆を欺こうとしているか、あるいは（B）「法」

という言葉のボーダーライン・ケースについての異なった用法をとっているにすぎない、ということになる。もし（A）ならば、裁判官は一般人をごまかそうとしている嘘吐きということになるし、（B）ならば、言葉のボーダーライン・ケースにおける使用法は恣意的な決定にすぎないということに気づかない間抜けだということになってしまう（『法の帝国』六四―七〇頁）――。ドゥオーキンにとっては、このように裁判官に対して「無礼」（同上、七〇頁）な議論はそれだけで不当であるらしい。

私はこの議論に納得できない。まず法実証主義者が（B）の解釈をとるとしても、彼らは裁判官がハード・ケースについて真剣に議論するのはその決定が重大な実践的帰結をもたらすと知っているからだ、と説明できる。この場合裁判官たちは、「法」という言葉の（ボーダーライン的）用法であるかのようなふりをしながら、実際には「あるべき法」について争っていたのである――。私は多くの法実証主義者はこの議論に賛成すると思うが、このように考えれば、（B）の説は（A）の一ヴァージョンとして理解できる。

そこで（A）について言えば、これはハード・ケースについてのごく自然な考え方である。法体系の中には多種多様なルールや原則や価値があって、その内容はどうしても不確定性を免れないという認識が（A）の説を支持する。ところがドゥオーキンは、この説は〈ある命題が真であるためには、その命題の真理性に関するすべての経験的事実が知られたならばその命題が真であると証明できなければならない〉という「証明可能性テーゼ」に依存していると主張する（たとえば『原理の問題』に収録された「ハード・ケースには本当に正しい答えがないのか?」)。彼によれば、「証明可能性テーゼ」は厳格な経験主義者ならば受け入れるだろうが、文芸批評や法の実務では受け入れられていない。そこでは正答テーゼが受け入れられているというのである。

私は〈文芸批評や法の実務では「証明可能性テーゼ」とは違った意味で真偽の概念が用いられている〉というドゥオーキンの主張に疑問を持つ。そこでは自然科学や数学における「真偽」のかわりに、「(不)適切」、「正不正」、「美醜」といった性質が問題になっていると思うからである。そして規範的言明や価値的言明についてそれが「真」だとか「本当」だとか主張する場合には、〈この言明は単なる自分だけの趣味の問題ではなくて、人々一般に向けられた規範的あるいは価値的な主張なのだ〉ということを強調するために用いられるのであって、記述的言明に関する「真」とは意味が違うと思う。もっともドゥオーキンは私のこの主張に別に反対しないかもしれない。彼は「真」ではなくて「客観的」や「本当に」という表現についてだが、同じようなことを言っているからである(『法の帝国』一二九―一三三頁)。

「真」の意味と用法についての疑問はこの程度にして元に戻ろう。かりに「証明可能性テーゼ」をとらなくても、ただちに正答テーゼが帰結するわけではない。たとえ価値判断について真偽を論じられるとしてさえも、複数の判断が可能であるケースはいくらでも存在すると考えることはできる。たとえばハートは前から言っていた。

「〈論理的一貫性の問題として、誰であれ価値の問題に答えようとする人は――それが訴訟当事者の要求に関する二つの法的回答のうちどちらがより正義にかない、公正であるかという問題であれ、あるいは美人コンテストで競う二人のうちどちらがより美人であるかという問題であれ、またシェイクスピアの喜劇のうちどれが一番滑稽かという問題であれ――そういう問題を意味あるものとするためには、必ずそういう場合すべてにおいて唯一客観的に正しい答えがあると想定しなければならない〉という主張に対しては、法律家と同じく哲学者も異議を唱えるだろう。」（『法学・哲学論集』一五八頁）

唯一の正しい答えがあると想定しなくても、われわれはシェイクスピアの喜劇のうちどれが一番滑稽かについて有意義に議論ができる。その議論はシェイクスピアの個々の劇についての解釈を豊かにしたり、笑いという現象に洞察を与えたり、論者のユーモアの感覚を明示したりするという意義を持ちうるのである。このような論争と違い裁判や美人コンテストの場合になると、単に議論するだけではなくその結果として判決を下すとか優勝者を選ぶといった最終的な判断に至る必要があるが、それでもその判断の際に、唯一正しい結論があるはずだという想定をとらねばならぬ理由はない。

ドゥオーキン自身は正答テーゼを擁護するために「ハード・ケース」と「ハード・ケースには本当に正しい答えがないのか？」をはじめとするいくつもの論文で多くの頁を費やしてきたが、

彼が正当に立証できたのは、〈ハード・ケースにおいても唯一の正答がある——何がそれであるかを示せなくても——と考えられるような、法命題の真理条件に関する理論がありうる〉ということだけで、その理論をとるべき理由までは述べていない。

正答テーゼをとるべき理由はあるか?

ドゥオーキンは正答テーゼを擁護して、現に裁判官をはじめとする「普通の法律家たち」がその前提をとっているという事実に訴えかけることがある。たとえば彼は〈「正答なし」テーゼを支持するような法律家の意見を判例集の中に見出すことはできない〉と言う（『原理の問題』一九六頁。ところが同じ本の「序論」では「一般に英米の法律家たちは、真のハード・ケースにおいて、「正しい答え」があり得るとは考えない」〔四頁〕と書かれている）。ハード・ケースにおいて対立する回答を提出する法律家も、〈正しい答えが一つ存在する〉という点では意見が一致しているというのである。だから正答テーゼの擁護者は次のように反論することができよう。——なるほど、あらゆる価値的問題について唯一の正しい答えがあるという想定には問題があるかもしれない。これらの問題を論ずる人々の中には、正解が複数ありうるということを認める人も少なくないかもしれない。しかし少なくとも法的推論においては正答テーゼが正しい。なぜなら裁判官は、自分は複数の可能な結論のうちから裁量権を行使してこの結論を選ぶなどとは決して言わず、あくまでも正しい回答は一つしかない——たとえそれを証明できなくても——という前提に立って議論をしているからである。そして法的推論はあくまでもそれが行われる法制度に内在した実践なのだから、その制度を度外視して正解の有無や唯一性を論ずることなどできない――。

右の主張に対しては、ハートのまた別の文章があてはまるだろう。

「疑いもなく、司法過程のおなじみのレトリックは、発達した法体系においては法の規定していないケースは存在しないという観念を励ましている。だがこれはどのくらい真面目にとるべきだろうか？［……］裁判官と法律家が彼らの法廷で事件の決定を下す際に用いる儀式的言語と、彼らが司法過程について行うもっと反省的な一般的言明とを区別することが大切である。合衆国におけるオリヴァー・ウェンデル・ホームズとカードーゾ［……］ほどのすぐれた裁判官や他の多くの法律家たちは、学者にせよ実務家にせよ、〈法が完全には規定していないままになっているケースがあって、そこでは裁判官は、「隙間を埋める（interstitial）」けれども不可避の法創造の任務を負う。そして法に関する限り、多くの事件はいずれの方向でも決定できる〉と主張してきた。」（ハート「後記」二九四頁）

日本の少なからぬ法学者はこの引用文に賛成するだろう。たとえば有名な民法学者の加藤一郎は書いている。

「［裁判官が最終的判断を］判決文にあらわすときには、あたかも法規から自動的ないしは必然的にその結論が導き出されるかのように、三段論法的な構成で記述されるのがふつうである。それは、判決は法規から演繹的に導きだされるという、伝統的な考え方に従っているためでもあるが、それは同時に、唯一の正しい結論だということで、判決に権威をもたせようとすることにもなるであろう。

複数の解釈のうちには、条文から導きやすい解釈とか、条文から無理な解釈とかいう差はあっても、一つだけの**正しい解釈**があるというわけではない。条文の解釈には、文字の意味からの遠近の差をもちつつ、かなりの幅があり、複数の解釈が可能である。裁判官は、そのなかから、事実関係との組み合わせによって、妥当と思われる解釈を選択するのである。」（強調は原文）。

正答テーゼの支持者はそれでも次のように反論するかもしれない。――確かに多くの法律家はそんなことを言ってきたかもしれない。だが注意してもらいたいが、彼らは**公的な裁判官としての資格で**、あるいはもっと広くは**法廷の中で**、そのような主張をしたのではなく、法実践の外に出ているときに、私的な信念としてそう述べたにすぎない。そのような発言は、基本的には一般市民の発言と同じ重要性しか持たない。法実践の中核にあるのはあくまでも法廷における法的議論である。ハートのいう「反省的な一般的言明」よりも「儀式的言語」の方に注目すべきである。そしてそこではこれらの裁判官や法律家も正答テーゼを前提にしていたのである。繰り返していうが、「司法的議論の実践を離れて正しい法の記述はありえない。このことは、制度というものがそれに対する内的視点をとる人々の想定する観念的対象であるということの帰結である。ある法が何であるかを決めるのは、それに参加している人々の実践であって、部外者が超越的な立場から決められるものではない。部外者の法理論は生きられた理論ではない。法律家が正答テーゼを前提して議論している以上、その正答が何であるかがいかに議論の余地があろうが、その証明が不可能であろうが、実際その法体系においては、いかなるケースでも正しい答えは一つだけなのである——。

この議論はあくまでも法律家の建前的な発言をまじめに受け取ることが法理論の義務だと見なしているが、その立場の奇妙さは次の例を考えてみればわかるだろう。たとえば結婚式や葬式では、誰も新郎新婦や故人についてよいことしか言わないのが常である。彼らにとって都合の悪い事実は言わずにすませてしまう。そしてこのような不誠実は別に悪いことだとは考えられていない。むしろ適切な態度だと考えられている。それが結婚式や葬式というものだと参加者は心得ているのである。しかしだからといって、それらの儀式の参加者の発言がすべて文字通り彼らの思考を表わしているなどと考えたら間違いである。同様にして裁判の場合も、ドゥオーキンのように儀式的発言を何よりも典型的な法実践として見ていたのでは、外的視点を無視してしまうだけでなく、内的視点をも歪曲することになろう。

このように裁判を結婚式や葬式になぞらえることによって、ドゥオーキンの法実証主義批判の一部に答えることもできる。彼は〈裁判官はハード・ケースにおいて唯一の正しい答えがあるとは考えていないのに、そう考えているようなふりをしている〉という、一部の法実証主義者の主張に反対して、もしその主張が正しいならば、どうして裁判官は敗訴した当事者をごまかせるのか、またなぜそのようなふりにかまけるのか、と疑問を述べている（『法の帝国』六五―六六頁）。この文章を読んだ私の自然な反応は「分からないふりをしないでください」というものである。結婚式や葬式の列席者が美辞麗句にごまかされていないように、裁判に敗訴した当事者もごまかされてなどいないだろう。彼らは裁判とはそういうものだと思って、裁判官の語り方に口を合わせて唯一の正解があるかのように振舞っているのかもしれない（特に同じ法曹である弁護士や検察官にはそれが抵抗なくできるだろう）。別の当事者は、最初から裁判を外的視点から道具主義的にとらえていて、何が正しい解答かという発想をそもそも持っていないかもしれない。またかりに敗訴した当事者が裁判官の態度を欺瞞的だと思っても、そう主張しても裁判に勝てるわけがないから、無駄な主張をしないのである。

次に、裁判官が正答テーゼを信じているふりをする原因は何だろうか？　それは加藤からの引用文が示唆するように「判決に権威をもたせようとすること」にあるのだろう。国家を代表して法を適用することを任務とする裁判官ともあろう者が、複数の可能な解釈の一つを選んだにすぎないなどと公言しては、裁判の権威を損なうだろう。日本のある弁護士は、「裁判が個別化されて「私はこれから判決しますよ」なんていうと、今度は権威がなくなるような気がする」とか「幻想でもいいから、何かに頼っていたいという面がありますから、普遍性とか合理性とかいうものを建前としてでも［裁判に］残しておかなきゃいけないだろう」と言っている。そしてまた、多くの裁判官は、ハード・ケースで複数の答えが可能でも、自分はその中で最善の答えを選んでいるのだ、と考えているだろう。

ドゥオーキンの正答テーゼを裁定についての記述的な理論としてみると、それは（アメリカの?）裁判官の建前上の議論をこれまでなかったほど好意的に説明したために関心を集め、そして意図的に建前論ばかりを論じようとしたために批判を受けている、というのが私の見るところである。むろん裁判官をはじめとする当事者たちが正答テーゼを受け入れているかどうかは経験的な問題であって、一概には結論が出せない。しかし私の推測では、アメリカはいざ知らず日本の大部分の法律家や法学者は「裁判による法創造」という表現に全然違和感を覚えないようだから——そういう名称の国際シンポジウムと、それに基づく題名の論文集もある——、本気で正答テーゼを信じている人は多くないだろう。

正答テーゼに対する私の考えを簡単にまとめると次のように言える。——法律家の間で不合理でない見解の不一致があるようなケースでは、法の内容は不確定（indeterminate）である。この場合には、裁判所による公権的決定によって、それまで存在しなかった法が作り出されると見ることが経験的で素直な見方である。法実証主義者は法の内容が常に明白な事実によって確定されていると考える必要はない、いやむしろそう考えるべきでない。ドゥオーキンは法的空間はすべて誰かの権利――具体的権利だけでなく抽象的権利も含む――によって埋め尽くされていると考えるが、そう考えねばならない理由はない（ちなみにそう考えるならば、政策的立法によって人々の権利を変えることも許されないのではないか？）。たとえ法が存在しない、あるいは内容が不確定な領域でも、社会の中では紛争はいくらでも生じ、裁判所はそういう紛争が持ちだされた場合にそれを解決するために判決によって法を創造しなければならない。特に現代社会ではテクノロジーの発展やグローバル化のために社会は新しい種類の問題と紛争を生み出しつつあるのだから、裁判による法創造は決して重要性を失わない。裁判官は法が不確定な場合でもあたかもその内容が決まっていたかのような語り方をすることもあるだろう。だがそのような語り方を文字通りにとる必要はない。この場合裁判官たちは法の内容よりも〈あるべき法〉について争っていると考える方が自然である。

しかしドゥオーキンの正答テーゼの中心はむしろ裁定についての**規範的**理論としての側面――本章はこちらについては本格的には論じなかった――にあるのかもしれない。彼は記述的理論と規範的理論という区別に反対するかもしれないが、いずれにせよ彼は別に今日のアメリカの裁判官が行っている法的推論のすべてに賛成しているわけではないから、自分の裁定理論が現実の裁定の方法を正しく記述しているという主張には大きな限定をつけなければならないはずである。

実際彼はアメリカ憲法の解釈に関する論文をまとめた論文集『自由の法』の序論で、憲法についての「道徳的解釈」と「多数者支配説」とを対比させて前者を提唱しているが、前者はアメリカでも表面上はめったに賛同を受けず、それどころかしばしば排斥される説であって、後者の方が有力であると認めている。彼はそれにもかかわらず、法律家は直観的には憲法を道徳的に読んでいると主張しているが、これは『法の帝国』の第1章で裁判官の明示的発言を証拠に法実証主義を批判した方法とは前提が違う。またドゥオーキンの詳細な裁定理論の中に、判決の議論というものは両当事者の主張との関係で形成されるもので、裁判官だけが考え出すわけではない、という要素が欠けている点も気になることである。

要するに、ドゥオーキンの法概念論は裁判官の議論の一特徴をとらえてはいるが、その特徴にばかり拘泥したために一面的な理論になってしまったのである。

私は『法の帝国』を読んだあとで『法の概念』に戻ると、締め切った病室から広い庭園に出たような解放された気分がするのだが、ドゥオーキンの法理論をそのように息苦しくさせるのは、単に議論が細かくて込み入っているということや、現代アメリカ以外の法秩序はほとんど念頭に置かれていないというパロキアリズム（見解や趣味などが地方的で偏狭なこと）だけではなくて、判決を下す裁判官の内的視点からしか法現象を見ようとしないという方法論上のこわばり、換言すれば外的視点一般に対する頑固な拒絶の態度である。それだけではない。法に対して内的視点を取るのは裁判官だけでなく、行政官や立法者、さらには私人もしばしばそうしているのだから、裁判の場だけに関心を集中するのも一面的である。

6　結論

ドゥオーキンの法理論は判決における裁判官の視点に終始して、外的視点を無視しているだけでなく、ほとんどアメリカ法しか考慮に入れなかった。この視野の狭さは、無視できない欠点である。それは狭い意味の法解釈学にとどまらない法学のたくさんの問題とテーマを切り捨ててしまうことになるからである。

ここで少し寄り道をする。現代の法理論の中には「アウトサイダー法理学 **outsider jurisprudence**」と呼ばれるものがある。その中にはフェミニズム法理論や「批判的人種理論 **critical race theory**」、「クイア理論 **queer theory**」が含まれる。これらはそれぞれ、法は一般性・普遍性を僭称しているが実際には男性あるいは白人あるいは異性愛者の見方を体現していて、そのために女性や有色人種や性的マイノリティを構造的に抑圧することになっている、という問題関心から法にアプローチするものである。これらの理論はすべて、法を中立的に記述しようとするのではなく、抑圧されている人々の立場に立って正義と平等を実現しようという実践的関心に動かされている。すると当然のことながら、法の中でもこれらの想定された支配＝抑圧関係が見出せないテーマや問題は取り上げられない（もっともこれらの理論家は、そのような抑圧と関係なさそうに見える領域にも暗黙のうちに抑圧が反映されていると指摘しようとすることが多い。たとえばフェミニズム法学の理論家は、一見ジェンダー中立的に見える契約法が男性的価値に満ちていると主張したりする）。そのためアウトサイダー法理論は、無視あるいは軽視されがちな法の一面に焦点を当てることで実践的に有意義な機能を持つものではありえても、法の一般理論たりえない——これらの理論の提唱者自身、始めからそんな一般理論を目指してはいないのだろうが。

ドゥオーキンの法理論も正義を実現しようとする実践的関心に牽引されている点ではアウトサイダー法理論と同じである。ただしその立場が、アウトサイダー法理論では法の外部にあると考えられた人々にあるのに対して、ドゥオーキンのものでは法の内部にある裁判官と同一化されている。後者は「完全なインサイダー The Perfect Insider」（森博嗣のミステリ『すべてがFになる』の英語題名）の法理論と呼ぶことができる。アウトサイダーの法理論が一面的であって法の一般理論たりえないように、ドゥオーキンの法理論も外部の視点を一切遮断しているために不完全な法理論にとどまる。

このような欠点はあるが、ドゥオーキンの法理論は法律家が現実に行っている議論の特徴を的確にとらえ、それを発展させているという点に長所がある。彼はその際に道徳的考慮が法解釈に浸透している程度を誇張するきらいがあるが、事実として法解釈の中で道徳的考慮が働いているということは多くの法体系において否定できない。また規範的な問題としても、法解釈の中に道徳的考慮が取り込まれることは望ましいこともある——他方、法による道徳の強制が避けられるべき場合も多いだろうが。ドゥオーキンと逆に、ハートは別だが、法実証主義者の中には法と道徳の間の異質性を誇張する論者がいることは確かである。

だがドゥオーキンが法を政治道徳の一部と呼ぶことは、法の専門性と自律性を過小評価しているようである。そしてここでは取り上げる余地がないが、ドゥオーキンの政治道徳観自体も特異なものだった。彼は「自由」を含む一見多様な種類の政治道徳の原理がすべて〈平等な尊重と配慮 **equal respect and concern** への権利〉という抽象的な平等権から出てくると考えたのである。そして彼はその平等を〈資源の平等〉として解釈した。

法理論の領域に限られたことではないが、ドゥオーキンの議論は常に大胆であり、自信たっぷりに彼自身の信念を打ち出し、論敵に対して容赦ない批判を加えた。当然それは多くの論者からも批判を浴びたが、彼はむしろ批判者との論争を歓迎した。その際彼はしばしば議論の相手や読者をいら立たせてきた。その原因の一つは彼の議論の自由さ、あるいは気ままさである。ドゥオーキンの理論は四十年余りの間にずいぶん変わってきたように思われるが、彼は自分が説を改めたとか、自分の主張のここは間違っていたとか、はっきりと認めることをしなかった。そして彼が論争においてよく用いる方法は、自分の行った議論や観念が誤解されていると主張して批判を受け流したり、細かい概念上の区別をしたり、独自の内容不明確な（解釈的！）概念を持ちだして議論を新しい方向に導いたりすることだった。彼はまた読者の多くが持っている素朴な感情や信念に訴えかけることもためらわなかった。前に引用したアメリカ憲政の臆面もない愛国的讃美はその一例である。かくしてドゥオーキンは自分が引き起こした論争の大部分において、明確に負けることがなかった（私は直接知らないが、多くの人々が彼は活字よりも口頭の議論でさらに無敵だったと言っている）。だが哲学におけるドゥオーキンの重要さはそのような論争家としての強さではなく、彼が提唱した多くの議論と概念の斬新さと根本的な問題提起とにある。

文献解題

ドゥオーキンの著書は編著を合わせれば十数冊に及ぶが、その中で特に重要な著作としては、

・Dworkin [1978] *Taking Rights Seriously*, with a new appendix, Harvard University Press.（小林公ほか訳『権利論［増補版］』、小林公訳『権利論Ⅱ』木鐸社）（「付録」のない原書初版は一九七七年）

・Dworkin [1985] *A Matter of Principle*, Harvard University Press.（森村進＝鳥澤円訳〔一部を省略〕『原理の問題』岩波書店）

・Dworkin [1986] *Law's Empire*, Harvard University Press.（小林公訳『法の帝国』未來社）

・Dworkin [1993] *Life's Dominion: An Argument about Abortion, Euthanasia, and*

Individual Freedom, Knopf.（水谷英夫・小島妙子訳『ライフズ・ドミニオン――中絶と尊厳死そして個人の自由』信山社）

・Dworkin [1996] *Freedom's Law: The Moral Reading of the American Constitution*, Harvard University Press.（石山文彦訳『自由の法――米国憲法の道徳的解釈』木鐸社）

・Dworkin [2000] *Sovereign Virtue: The Theory and Practice of Equality*, Harvard University Press.（小林公ほか訳『平等とは何か』木鐸社）

・Dworkin [2006] *Justice in Robes*, Harvard University Press.（宇佐美誠訳『裁判の正義』木鐸社）

・Dworkin [2011] *Justice for Hedgehogs*, Harvard University Press.（『ハリネズミの正義』未邦訳）

・Dworkin [2013] *Religion without God*, Harvard University Press.（森村進訳『神なき宗教――「自由」と「平等」をいかに守るか』筑摩書房）

をあげておく。邦訳書の訳者あとがきも役に立つものが多い。これらの著書の大部分については本文中で言及した。

　ドゥオーキンに関する日本語の書物としては、

・小泉良幸 [2002]『リベラルな共同体――ドゥオーキンの政治・道徳理論』勁草書房

・宇佐美誠・濱真一郎（編著）[2011]『法哲学と政治哲学』勁草書房

の二冊がある。前者は憲法理論からの考察であり、後者は彼の思想のさまざまな側面を論じた論文集である。本章には後者に収録された拙稿「法は解釈的実践とは限らない」と『神なき宗教』の訳者解説を利用した。

・**深田三徳［1983］『法実証主義論争――司法的裁量論批判』法律文化社**

には前期ドゥオーキンの著作の詳しい研究がある。

・**中山竜一［2000］『二十世紀の法思想』岩波書店**

は第3章で『法の帝国』に至るドゥオーキンの法思想を論じている。ほかに前章の文献解題にあげた深田と濱の本も参照。

日本の法哲学者でドゥオーキンの影響を強く示すのは、

・**井上達夫［2003］『法という企て』東京大学出版会**

である。井上はその序文「法概念論は何のためにあるのか」で、法とは「正義への企て」であるとして法概念論と正義論の融合を企てたが、第2章の文献解題にあげた論文ではもっと具体的に、（正義・正しさではなく）民主的正統性 legitimacy を欠く法は法でないと言っている。後期のドゥオーキンが「正答テーゼ」を取り下げているという私が反対する解釈は、たとえば、

・**長谷部恭男［2011］『法とは何か――法思想史入門』河出ブックス**

第8章に見られる。しかしドゥオーキンは法における解釈作業を過大視しているという著者の指摘には私も賛成する。

4節の始めに紹介したラズの論文は前章の文献解題にあげた『権威としての法』に収録されている。

5節に引用したポズナーの「純一性としての法」批判は、

・**Posner, Richard A. [1995] *Overcoming Law*, Harvard University Press.**

四〇三頁に見られる。

5節の二二三頁で私は〈法律家たちは法の内容について見解が一致しなくても、法の内容が確定しているという想定の下で語る〉という論拠によるドゥオーキンの法実証主義批判に対してハートを擁護する立場から反論したが、私とよく似た見解を最近、

・Dolcetti, Andrea and Giovanni Battista Ratti [2013] "Legal Disagreement and the Dual Nature of Law", in Wil Waluchow and Stefan Sciaraffa (eds.), *Philosophical Foundations of the Nature of Law*, Oxford University Press.

の中に見出して意を強くした。ただしこの論文の著者たちは〈承認のルールについてはハートが言うように法律家の間に実際に意見の一致がある。彼らはその解釈方法については意見が一致しないことがよくあるが――そしてそのことをドゥオーキンは強調しているのだが――、それでも具体的結論においてはたいてい意見が一致する〉という議論をしていて、正答テーゼを正面から検討しているわけではない。

5節二二五頁の加藤一郎からの引用は

・**伊藤正巳＝加藤一郎編［1992］『現代法学入門　第3版』有斐閣**

六八、七三頁からのものであり、5節二二八頁弁護士の発言は

・**中村雄二郎＝竜嵜喜助＝田中成明［1985］「(座談会）法のことばとレトリック」『法学セミナー』一九八五年十一月号**

五六頁の竜嵜発言である。そして〈日本の法律家や法学者は、裁判による法創造という発想に違和感を持たない〉という主張の傍証としてあげた本は、

・天野和夫ほか編［1989］『裁判による法創造』法律文化社（立命館大学で行われた同名の国際シンポジウムに基づく論文集）
・原竹裕［2000］『裁判における法創造と事実審理』弘文堂
である。

第6章

正義論

1　正義という価値の一般的特徴

道徳・倫理（本書では特にこの二つの言葉を区別して用いない）上の価値や理想にはさまざまなものがあるが、「正義 justice; Gerechtigkeit」はその中でも特に法や政治と関係が深い価値である。というのは、正義は個人的な生き方の善し悪しにかかわるのではなく――あるいは少なくとも、それ以上に――複数の人の間の行動や関係、あるいは社会制度に関する価値だからである。それゆえ「正 right／不正 wrong」も「善 good／悪 bad」も共に道徳的な性質ではあるが、両者は区別される（ただし4節で後述するコミュニタリアニズムは、前者を後者に還元して、両者の峻別に反対する傾向がある）。このことは〈正義は社会的・公共的な道徳的価値である〉というふうにも表現できる。「善」あるいは（道徳的価値ではないが）「美」といった価値と違って、「正」は世の中の人々全体に向けられた規範という性質を持っている。このことは、いわゆる「徳の倫理 virtue ethics」（行為の原理よりも行為者の性格に注目する倫理）のように、「正義」を個人が体現すべき「徳 virtue」の一つとして見る場合でさえも言えるだろう。なぜならその場合、「正しい人」とは「正しい行動を常に行うような能力と性向を持った人」として理解できるからである。

ただし正義をそう理解するとしても、それを第一に個人や私的団体の間の関係を律する規範として考えるか、それとも国家や公的制度が備えるべき性質として考えるかというアプローチの相違が残る。前者のアプローチをとれば、国家などの権力制度の正しさは私的関係を律する正義の保護と実現に基本的にかかっていることになるが、後者のアプローチをとれば、公的な正義＝政治的正義は私人間の正義とはまた別のもので、むしろそれに先行している、ということになる。以下の叙述の先取りをすることになるが、アリストテレスをはじめ古典的な正義論が前者のアプローチに傾いていたのに対して、今日の正義論、特にロールズに代表される平等主義的リベラリズム（これは古典的な自由主義とは異なるから、訳さずに「リベラリズム」と書く）の正義論は後者のアプローチをとる傾向がある。法の分野と関係づけて言えば、古典的な正義論は民法や刑法と関係が深く、現代のリベラリズムの正義論は積極的・介入主義的国家の憲法と相性がよいのである。

2　アリストテレスの正義論

前節で説明したような正義論の歴史は、アリストテレス（前三八四―三二二）が『ニコマコス倫理学』の第五巻で行った「正義」（ギリシア語では「正しさ」としては **to dikaion**、「正義の徳」としては **dikaiosyne**）に関する論述から本格的に始まる。

プラトンの正義観

アリストテレス以前にプラトン（前四二八ころ―三四七）も「正義」について多くの主張を行った。特に代表作『国家（Politeia）』は古来「正義について」という副題を与えられている。それにもかかわらずプラトンの議論は正義論の歴史の前史をなすものでしかない。なぜならプラトンは正義を基本的に個人の魂の状態として理解していて、正義の社会的性質を十分とらえていないからである。プラトンは『国家』でソクラテスの口を借りてこう主張した。――国家（ポリス）における正義と個人の魂における正義は並行したものである。国家においては〈哲学者・戦士・その他大勢〉という三種類の市民が互いにその分を守ることが正義であるように、個人においては三種類の市民の特徴に対応する〈理性的部分・気概的部分・欲望的部分〉という魂の三つの部分が調和してそれぞれにふさわしい役割を果たすことが正義である。そしてこの意味で正しい人はこの世でもあの世でも、不正な人＝魂の調和を欠いた人よりも必ずはるかに幸福である――。プラトンはこのようにして正義の徳を弁証しようとした。その際プラトンは正義を、人間の理想的なあり方を決定し道徳の全分野を指導すべき理念のように考えているが、その社会的な意義には目を向けようとしなかった。

古代ギリシアでも、不正の典型が〈過多を貪ること pleonexia〉と考えられていたことからも示唆されるように、正義は主として人々の間に関係する性質として理解されていたのだから、プラトンのこのような正義観は主流ではなかった。むしろプラトンの対話編『プロタゴラス』の題名にもなっている、ソフィストのプロタゴラスは、社会秩序の維持のために正義が必要とされるという発想を神話＝たとえ話の形で述べている。大体同時期の原子論者のデモクリトスやヘレニズム期のエピクロスの断片の中にも同様の発想が見られる。しかしこれらの発想は断片的な形でしか残されていないので、今となっては思想史的関心以上のものをひき起こすことは容易でない。

『ニコマコス倫理学』の正義論

アリストテレスは『ニコマコス倫理学』の正義論で、正義を一般的な広義の正義と特殊的な正義にまず二分する。前者の広義の正義とは、あらゆる徳を備えた完全な人の状態であり、それが他の人々との関係で現実化されたとき、特に「正義」と呼ばれる。というのは、自分限りのことについては正不正を語ることはできないからである——誰も自分の所有物を盗むことはできず、自分に対して不正を働けない。また「不正を働く」と言えるためには、その行為が相手の願望に反していることも必要である。刑法学の用語を借りて言えば〈被害者の同意は違法性を阻却する〉ということになる。要するにアリストテレスは不正を〈他者に対する、その意に反する加害行為〉として理解し、正義の「対他性」とでもいうべき性質を明らかにしたのである。

次に狭義の特殊的正義とは、何らかの利益や損失——いかにも古代ギリシアらしいことに、その中には財貨だけでなく名誉も含む——に関する平等のことで、それはさらに「分配的正義」

(「配分的正義」と呼ばれることもあるが、経済学では資源の**allocation**を「配分」と呼び、生産結果の**distribution**を「分配」と訳していて、ここでは後者が問題になっているので、その用語法を尊重して「分配」を用いる)と「矯正的正義」に二分される。両者は競合したり対立したりするものではなく、そもそも適用の場を異にする正義である。

分配的正義とは、人々に彼らの価値に応じて利益を分配する際の正義である。人々の価値は等しいとは限らないが、等しい人々には等しいものが分配されるという点で、分配的正義は平等の要求を含む。アリストテレスは分配の実例をはっきりとあげていないが、おそらく公的名誉や戦利品の分配を考えていたのだろう。これに対して現代の正義論では、分配的正義は主として公正や平等や必要性の考慮に基づく財の分配を意味するようになっている。

これに対して矯正的正義は、人々の交渉から生じた不正を矯正して平等を回復することにある。それは当事者の価値とは無関係に、生じた害悪だけを考慮するという点で分配的正義と異なるが、復旧されるべき規範的現状として、分配的正義にかなった状態を前提しているから、分配的正義の実効化のための原理とも解釈できる。いずれにせよ矯正的正義は民事法の損害賠償に当てはめやすい。だがアリストテレスは彼独自の「中庸としての徳」という図式にこだわって矯正的正義を利得と損失の中間として特徴づけるので無用の難点を生み出し――なぜなら加害者の利得と被害者の損失が等しいとは限らないのだから――、説得力を弱めることになっている。アリストテレスが論じた「勇気」とか「節制」といった徳の多くと違い、正義とは、ある情念を多すぎも少なすぎもなく適度に持つことではなくて、社会的ルールを守ることだからである。

アリストテレスは次に分配的正義とも矯正的正義とももまた別に、相互給付を内容とする「応報的正義」をあげている。前二者の正義とこの正義との関係はあまり明らかでなく、十三世紀のトマス・アクィナス以来、矯正的正義と応報的正義を同一視して両者を「交換的正義（iustitia commutativa; commutative justice）という名で呼ぶ解釈者もいる。だが応報的正義は第三の特殊的正義と解するのが多数説で、それが一番素直な解釈だろう。ともかくアリストテレスが応報的正義の働く領域と考えているのは、刑罰と自発的な財の交換（売買を含む）＝交易という、かなり異質な二領域である。ここでのアリストテレスの論述は後世に悪影響を及ぼした。というのは〈商品交換は等価物の間でなされる〉という誤った観念に権威を与えてしまったからである。交易の当事者がそれぞれ自分の持っている財よりも相手の持っている財の方が欲しい（高く評価する）からこそ交易は成立する。それなのにそこに等価性を想定することは、〈財には万人にとって同一の客観的な価値が備わっている〉という観念と結びついて、商品の価値を需要供給関係から独立に存在する客観的存在でもあるかのように考える価値論の温床となるだけでなく、売買や交換を共存共栄のウィン－ウィン関係でなく敵対的なゼロサム・ゲームとみなすことで、商業活動を実際より不吉な光の下で描くことになってしまう。

なおアリストテレスは正義論の中で「宜しさ＝衡平（epieikeia; equity）」という観念も明確化した。これは法律がどうしても一般的にしか規定できないために具体的な正しさを実現できないときに、法的な正しさを補訂する正義の一種である。この観念はローマ法とイギリス法の歴史上、それぞれ厳格法（ius strictum）とコモン・ローを補正するための観念として重要な役割を果たした。

以上概略を説明したアリストテレスの正義論を全体として見ると、次の点に特徴がある。第一に、それは正義の形式的な性質だけを述べるもので、その実質的な内容についてはほとんど語らない。彼は価値に応じての平等が分配的正義の特徴だとは言うが、何がその価値かという問題に対してはいろいろな考え方がある――「自由人たること」や富や「生まれのよさ」がその候補としてあげられる――と指摘するにとどまる。アリストテレス正義論の類型論はその形式的一般性ゆえに、プラトンの独特の正義論とは比べものにならないほどの影響力を後世に及ぼした。第二に、アリストテレスは勇敢さとか節制とか知恵といった他の徳は本人に利益になるが、正義という徳は必ずしもそうでなく、それだからこそその徳を持つ人は一層称賛される、と述べて、正義の社会的・対他的性質を指摘した。とはいえ最後に、アリストテレスは正義を社会のルールや制度でなく倫理的徳の一つという文脈の中で論じた。

徳としての正義

その後ヘレニズム期のストア派やその影響下にあった共和期末期ローマのキケロも、正義を一次的には個人の徳の一つとして見た。そしてこの正義観はユスティニアヌス帝のローマ法大全に取られた法学者ウルピアヌスの有名な定義「正義は各人にその権利を与える恒常不変の意志である」にも見られる。「恒常不変の意志」と「徳」との間に大差はない。西洋の古代や中世の思想家の多くがこのように徳の観念を中心とする正義観を抱いていたのはなぜだろうか？　その原因の一つは、彼らが正義を人の生き方全体にかかわるものと考えていたことがあるだろう。だがこの発想は、義務づけや強制への要求を含んでいる正義観念を、個人間や社会の領域だけでなく個人の生き方という私的領域にも——というより、もっぱらそこに——実現しようとするため、たやすく宗教の強制のような不寛容に至るおそれがある。そのために、この意味の正義は正義概念一般を疑わしいものにしてきた。

しかしハートの「自然法の最小限の内容」の発想のように、正義の果たすべき役割をもっと控えめに見積もって、それは立派な生き方を支持するものではなく、秩序ある平和を構成する条件だと考えるならば、正義は一次的には徳の一つというよりも行為か公的制度の属性だということになる。こちらの発想の方が近世ヨーロッパ以降有力になった。

3 功利主義

功利主義とは何か

正義は伝統的に法の内容や適用に関する価値と考えられてきた。英語でもフランス語でも"justice"が正義と裁判の両方を意味することからも示唆されるように、正義の典型例として公正な裁判が考えられることが多い。しかし正義は唯一の法的価値ではないし、必ずしも至上の法的価値とも限らない。個人に分割できないような財やサーヴィス（経済学でいう「公共財public goods」）の供給は、正義の要求とは言いにくくても、法がその実現に助力すべき集合的な目的でありうる。そして集団的目的のために法が特定の人々に有利な取り扱いをするとき、正義という価値は他の価値に譲歩することになる。

正義だけが法的価値ではないし、まして唯一の道徳的価値でもない。特に「よき生」の内容について公的決定を避けようとする自由主義的な正義論では「善good」と「正right」の峻別が説かれる。正義は広い意味での分配にかかわる、複数の主体間の関係を調節する観念である（「広い意味での分配」というのは、人権の承認も含めるからである）。アリストテレスが指摘した正義の対他性は、このことを当事者の観点から述べたものに他ならない。

正義が分配の原理だということは、功利主義（utilitarianism）と正義との関係を考えてみるとわかりやすい。「功利主義」は多義的な言葉で、一般には悪い意味での物質主義とか実用主義という意味で使われたり、利己主義的人間観を意味したりすることが多い。だがここでは倫理学の中でしばしば採用される定義に従って、①帰結主義（consequentialism）、②厚生主義（welfarism）、③最大化原理（maximization principle）という三つのテーゼだけからなる思想と理解する。①の帰結主義とは、行為の評価にあたって考慮されるべきデータ（経済学者は「情報」ということが多い）は行為の帰結だけだとして、行為の「内在的価値」といったものを認めない立場である。②の厚生主義とは、状態の道徳的評価にあたって考慮されるべきデータは人々の――あるいは有力なヴァージョンでは、感覚を持った動物の――持つ幸福（happiness）あるいは厚生＝福利（welfare）あるいは効用（utility）だけだ、というテーゼである。「幸福」と「厚生」と「福利」と「効用」ではニュアンスが違うだろうが、ここでは同義語と考える。③の最大化原理とは、諸個人あるいは諸個体の効用は相互に比較でき、足し合わせることもできると考えて、その総和の最大化をめざす（総和功利主義）か、あるいは平均値の最大化をめざす（平均功利主義）考え方である。総和功利主義と平均功利主義の相違は、人口に影響する政策の決定において重要な相違に至るが、ここでは立ち入らない。

「最大多数の最大幸福」というジェレミー・ベンサム（一七四八―一八三二）の有名な表現は、

以上の三つのテーゼを厳密ではないが誰にでもわかりやすく述べたものと理解できる。功利主義とはこれらの基準によって社会制度や規則や行動を評価する思想である。功利主義をこのように定義すると、個体の幸福に還元できないもの、たとえば誰も見ていない美しい風景や公平な分配パターンに内在的価値を認めるのは厚生主義と相いれないから功利主義ではないということになる。そして〈たとえば故意の殺人のような行為はそれ自体として不正だから、たとえ特定のケースではその結果が望ましいとしてもやはり許されない〉という義務論（deontology）は帰結主義と対立するからやはり功利主義ではありえない。

ここからわかるように、功利主義の以上の三つの構成要素のうち①も②も常識と衝突しそうだが、③は分配的正義の考慮を排除するので、常識的道徳、特に正義の感覚に一層反する。最大幸福のためにある個人の権利や幸福が犠牲にされることも功利主義からは許される、いやそれどころか要求されるが、それは常識的な意味では不正とみなされるだろう。大多数の人々の幸福のためにはどうしても一部の人に犠牲を甘受してもらわなければならない、という事態は想像できる。しかしその場合でも、彼らの犠牲を正当化する理由は「正義」ではない。犠牲者は自分に責任のない、受けるに値しないような害悪を受け、そのことは正義に反するのだが、その道徳的コストを払ってでも達成すべき重要な目的があるので、やむをえないとして正当化されるのである。

功利主義と正義

正義の理念が功利主義と調和しがたいという事情は、単に多くの人々が純粋の功利主義者ではないという理由によるだけではなく、功利主義自体に内在している。正義は個々の主体にふさわしい取り分を与え、その侵害を禁ずる。その主体が自らその取り分を要求することも認められるなら、それは「権利」と呼べるものになる。ところが功利主義者にとって、この意味の正義はそれ自体としては何ら価値を持たず、道徳的あるいは法的なルールによる禁止や権利も、便宜的で一応（**prima facie**）のものにすぎない。正義はせいぜいのところ、単に効用の最大化を実現するためにたいていの場合従っておけばよい、間違いのない実用上の手引でしかなくなるのである。

功利主義は漠然とした形では昔から説かれていたが、その理論的な創始者はベンサムである。彼はその功利主義理論を一番明確に述べた『道徳及び立法の諸原理序説』（一七八九年）のある注の中で「正義とは、ある場合にある手段によって慈愛の目的を促進するために用いられる、想像上の手段以上のものではない」と述べた。

同じ功利主義者でもベンサムより通常の正義観を尊重したジョン・スチュアート・ミル（一八〇六―七三）は『功利主義論』（一八六三年）の第五章「正義と功利の関係について」で正義と権利との間に必然的関係があると指摘し、そのことによって正義とそれ以外の道徳の領域を分けた。ミルによれば「不正」とは道徳的義務の違反すべてに当てはまる言葉ではなくて、特定の権利者に対する加害行為を意味する。正義は権利の尊重を要求するが、寛大さや慈悲までは要求しない。しかしミルは個人の権利を正当化するにあたって、その本人にとっての必要性をあげるわけではない。「どうして社会が［権利者を］保護しなければならないのか、とたずねる反対者がいれば、私は、一般的功利という理由をあげるほかない。」だがそれでは、道徳的議論において正義や権利の観念が全体の目的に対抗して有する重みを説明できない。

「各人に彼のものを」という古来の正義の定式は、「彼のもの」が何であるかについて何も言っていないから形式的で内容が乏しいにしても、功利主義とは両立しがたい。功利主義が関心を持つのは効用の総計あるいは平均だけであって、個々の人が「自分のもの」と言えるような持ち分があるという想定には立っていない。これに対して、正義は個体間の別個性を尊重する分配の原理である。

しかしここで次の二点を指摘しておこう。

① 正義が分配の原理だと言っても、それは普通理解される「分配的正義」よりも広い意味で解されねばならない。

② 正義や人権と功利主義との対立を指摘して後者を批判する論者の中には〈功利主義は個人を尊重せず、社会一般といった超個人のための単なる手段としてしまう〉と主張する人が多いが、この主張は単純には受け入れられない。

まず①から説明しよう。正義は個々人に正当な取り分を与えようとする原理だから、広い意味では必ず分配にかかわる。だがその「分配」をいかなる基準で行うかについては、結果の状態によるものと、所有の手続によるものとに大きく二分できる。前者は本人の性質や行動によってそれにふさわしい持ち分を与えるもので、「労働に応じて」、「必要に応じて」、あるいは「機会の平等」などさまざまな平等主義的分配がその例である。これはアリストテレス的な分配的平等である。これに対して手続重視の分配基準は、正当な手続に従って財が移転することが正しいとするものである。その結果として生ずる財の状態は、結果状態重視の分配の結果とは当然違ってくる。手続的正義の例としては、無主物先占や自由市場の「自然的自由の体系 **system of natural liberty**」(アダム・スミスの表現)がある。

いわゆる「結果の平等」が結果重視の基準であることは論をまたないが、それと対比されることの多い「機会の平等」も結果重視の要素を持っている。なぜならそれは〈平等な出発点を与える以上、その結果に差が生じても不正でない〉とは言うが、始めの機会の差異自体が、均等化されることを要求する――しかも今日の「機会の平等」論者の多くは、本人自身の能力までも「機会」の中に入れる――限りでは結果状態を重視しているからである。また社会権的人権の思想も、基本権の要求する平等な分配を要求する点では同じである。

後述のロバート・ノージックは『アナーキー・国家・ユートピア』の中で、手続的正義観を提唱し、彼が「型化原理」と呼ぶ結果重視の分配的正義は人々の自由な交渉の結果に対する絶え間ない介入をもたらしてしまうし、また財が誰のものでもなしに天から降ってきた賜物でもあるかのように考えて、財への歴史的権限を無視しているという点でも欠陥がある、と批判した。それに対して分配結果の正義の擁護者は、手続的基準だけでは不公平をもたらすとか、それでは「功績（desert; merit）」の観念が反映しないと考える。

アリストテレス以後「分配的正義」は分配の結果の状態について論じられることが多かったが、手続をもっと重視するような分配的正義も考えられるのである。

次に②の論点に移ろう。功利主義は十九世紀後半から二十世紀中葉まで英米の規範的倫理学の主流を占めてきたが、その後多くの批判にさらされてきた。中でもロールズ以来よく言われているのは、功利主義は人格の別個性（separateness of persons）を無視しているという批判である。H・L・A・ハートはこの非難を四つの主張の形にまとめている。それらの相互関係はあまり明確ではないが、ともかく次のように要約できよう。

（1）功利主義にとって重要なのは個々人ではなくて幸福や快である。だから異なった個人間の効用のトレードオフが可能になってしまう。

（2）功利主義は個人主義的でも平等主義的でもない。それが公平なのは、効用の重みづけで「誰もえこひいきしない」という意味にすぎず、分配の状態には関心を持たない。

（3）幸福の総量の単なる増加には価値がない。別々の人々の幸福の総量を経験するような主体は存在しない。

（4）個人が将来の一層大きな満足のために現在の満足を犠牲にするのは賢慮（prudence）の要請で、功利主義はこの賢慮の要請とのアナロジーによって、一個人の幸福を別の個人のもっと大きな幸福のために犠牲にできると考えている。しかしそれは人格間の区別と個人の時期間の区別と同様に無視して、諸個人を単一の実体の部分であるかのようにみなすものである。

だが功利主義を批判するこれら四つの主張が十分に成功しているかどうかは疑わしい。まず（1）と（2）は、幸福や効用がその主体から分離できるかのように言っている点で正しくない。幸福は誰かの幸福でしかありえない。功利主義者は〈私は個々人の幸福を尊重することにおいて個々人を尊重している〉と答えることができる。次に（3）と（4）は、〈功利主義は幸福の総計を経験する超個人的な主体の存在を想定している〉と示唆しているようだが、これも誤りである。功利主義者は〈幸福の総体とはあくまでも個々人にとっての効用を合計したものにすぎない〉と答えられる。むしろ（2）の主張自体、個人の幸福に還元できない「分配の状態」自体に価値を認めるものだから、功利主義よりも反個人主義的だとさえ言える。功利主義が個人主義的でないと言えるのは、それが個々人に取り分を受け取る権利を与えないからである。

（1）と（4）は、功利主義が個人間で効用のトレードオフ（融通）を認めてしまうとした。確かにそれは事実だが、それだけでは功利主義を批判する論拠として決定的でない。なぜならそのことは別の人格の別個性を無視しているわけではないし、人々を単一の社会的実体の部分とみなしていることにもならないからである。そしてある人の利益のために別の人に不利益を負わせることが絶対許されないと考えない限りは、効用のトレードオフを容認するという点で功利主義を斥けることはできない。

もっとも功利主義に対する反論は、それがあまりにもたやすく効用のトレードオフを許してしまうという趣旨かもしれない。確かに功利主義はこの点で常識的な道徳よりも人格の別個性を重視しないようである。しかしわれわれが人格の同一性（personal identity）を、誕生から死亡時まで存在する不変不壊《ふえ》の原子のような実体だと考えれば、人格の別個性は重要だと感じられるだろうが、そうでなしに、人格の同一性は時間を通じた心理的継続性に基礎を置く、程度の差を容れる概念だと考えれば、人格の別個性もそれほど重要だとは感じられなくなるだろう。その場合、（4）の批判にもかかわらず、同一人物の異なる時点間の効用のトレードオフと別人間の効用のトレードオフとを似たものとして考えるのは、一見するほど突飛な発想ではなくなる。

結局〈功利主義は人格の別個性を無視している〉というお決まりの反論の説得力は一見したよりも小さなものである。そして功利主義はほとんどの人々が何よりも重視している「幸福」という要素を直截に評価基準の中に取り入れているという点で説得力がある。カントの倫理学も「徳の倫理学 virtue ethics」も「幸福」という要素をあまり尊重していないし、人権論も典型的には「幸福追求の権利」を認めても、「幸福への権利」は含めない。

最近の功利主義的理論

ロールズの批判によって一時期支持者が少なくなったように見える功利主義だが、最近は特に英語圏では復興しつつある。

メタ倫理学の分野で「指令主義」（prescriptivism 道徳的言明はすべての人々に向けられた普遍化可

能な指令であるという主張。次章第2節を見よ）を二十世紀中葉に提唱してつとに知られていたオックスフォード大学道徳哲学教授のR・M・ヘア（一九一九―二〇〇二）は、その後功利主義の弁護に至った。彼は功利主義への批判に対して、道徳的思考を日常的直観のレベルとそのレベルにおける諸原理の衝突を解決する批判的レベルとに二分し、功利主義を後者の批判的レベルに割り当てることで回答しようとした。ヘアは道徳的判断の持つ「指令」の要素を一種の選好（≠欲求）と理解する。そして公正さの要請から、批判的レベルの思考では自分の選好だけでなく、あらゆる人々の選好を等しく尊重すべきだと説く。そうすれば人々にとって最も受け入れやすい道徳に至るというのである。しかしあらゆる選好を、その形成過程や内容を問わず一視同仁に尊重しなければならない理由は十分明らかではない。たとえば他人の苦痛を喜ぶ悪意ある欲求など、むしろ無視すべきだと考える方が常識的だろう。

ヘアの教えを受けたデレク・パーフィット（一九四二―）は大著『理由と人格』（一九八四年）において、〈人格の同一性が道徳上重要だと思われるのはその同一性の基準が記憶などの心理的継続性だからだが、心理的継続性は程度の問題である〉と主張し、〈功利主義の批判者たちは人格の別個性と分配的考慮を過大評価しているが、むしろ経験の主体が誰であるかよりも経験そのものを重視すべきだ〉として功利主義的な発想を擁護している。彼はまた、〈常識的道徳が行為者相対的 **agent-relative** な価値を重視することは場合によっては自己矛盾に陥る〉として、功利主義の一要素である帰結主義を強力に提唱し、〈未来の世代に関する道徳的問題では権利という観念に訴えかけることはできず――なぜなら誰が生まれてくるかがまだ決まっていないのだから――、効用の観念によらざるをえない〉として福利主義を擁護した。全体としてパーフィットは道徳における非人格的な観点を推奨した。『理由と人格』の議論がどれだけ成功しているかはともかく、この本が哲学界で功利主義的な発想の意義と説得力を新しく認識させたことは間違いない。パーフィットはさらに近著『重要なこと』(二〇一一年)の中で、カント主義と帰結主義と「契約主義 contractualism」という三つの道徳理論は一見大きく違うようだが同一の結論に至ると主張し、またメタ倫理学の領域では「非自然主義的認知主義」と呼ぶ立場を提唱して議論を呼んでいる。

また功利主義者ではないがそれに近い発想を持つ影響力ある法学者として、「法の経済分析」の開拓者であるリチャード・ポズナー(一九三九―)がいる。彼はかつて客観的な測定、特に個人間比較の困難から逃れられない効用概念に代えて、経済学的な「富 wealth」という概念を用いて、富の極大化として理解された「効率」を法の追求すべき目的として理解したが、この主張はドゥオーキンなどから厳しく批判された。ポズナーは富を最大化する制度に人々が暗黙のうちに同意していると考えていたが、その想定は疑わしい。

最近功利主義は、個人の行動の正しさに関する主張としてではなく統治の方法と目的に関する議論として提唱される傾向が強く、そのためベンサムの思想が再評価される傾向がある。いずれにせよ功利主義が他の政治思想や道徳理論が軽視しがちだった(非精神主義的に理解された)「幸福＝福利」を重視したという貢献は無視できない。

功利主義のその他の問題

それでも功利主義には見過ごせない難点がある。そのうち分配的考慮の不存在という難点についてはすでに触れたが、次の問題点を指摘する人もいる。

そもそも功利主義が最大化しようとする「幸福」とは何を意味しているのか？　「幸福」をいかに理解するかは、功利主義者に限らずいかなる道徳理論にとっても重要な問題だが、大部分の人々に受け入れられている見解は存在しない。幸福の概念については大別して三つの見解がある。一つはベンサム自身がとっていた、幸福とは何らかの心理的状態だとする見解で、「快楽主義 **Hedonism**」と呼ばれる。心理学者の「幸福研究」やそれを受けて最近盛んになってきた「幸福の経済学」は個人の生活への満足度を幸福と同一視するものだから、暗黙のうちにこの見解の一種をとっていることになる。第二は自分の望んでいる事態が実現するということ自体が幸福だ（たとえその実現の事実を本人が知っていなくても）とするもので、「欲求実現説 **Desire-fulfillment Theory**」と呼ばれる。これは経済学主流の「顕示選好」の観念と親近性が強く、倫理学内部でも主観主義的な価値概念をとる人たちの間で有力である。第三は、本人の心理的状態や欲求とは独立に、健康とか豊かな人間関係とか教育といった、幸福を構成する客観的なものがあるという見解で、「客観的リスト説 **Objective List Theory**」と呼ばれる。このアプローチは客観主義的な価値概念をとる人々に受け入れやすく、開発経済学の領域で「人間開発指標」といった形で影響を及ぼしている。

どの説もそれなりの説得力を持っていると同時に、簡単に解決できない難点も抱えている。まず快楽説については、ミルが提起した〈満足した豚は痩せたソクラテスよりも幸福か?〉という問題や、〈騙されて間違った信念から喜びを感じている人は本当に幸福か?〉といった問題があって、これらの問題に否定的に答えたくなる人は快楽説をとることが難しい。欲求実現説は、その欲求が実現されても本人が何の喜びも感じないときや、考えてもいなかった出来事のために喜びや苦しみを感ずる場合や、欲求の形成過程に何らかの欠陥がある場合を考えると魅力を減ずる。そして客観的リスト説は、幸福を構成するもののリストの内容が具体的になると特定の価値観・人間観の押しつけになるように思われる。たとえばこの論者の中には、自然に親しむことや宗教的信仰をそのリストの中に含める人がいる。

そしてこれらの説のいずれかを採用したとしても、諸個人の幸福の程度をどのようにして客観的に測定できるのだろうか? 功利主義を含めて道徳というものが個人の生き方だけでなく人々の相互の関係や社会制度に関わるということを考えると、個人間で幸福を比較し測定することがたとえ大まかにでも可能でなければ、功利主義は実用に適さないと思われる。

しかしこのことは功利主義にとって致命的な欠点ではないかもしれない。積極的な幸福の内容については人々の間で意見の一致が期待できないにせよ、どのような状態が深刻な不幸であるかについては、かなりの意見の一致が見られるだろう。このことは、幸福の最大化よりも不幸の最小化をめざす「消極的功利主義」が公共政策の大まかな指針としてふさわしいということを示唆する。

4 現代の正義論

ロールズ

二十世紀の半ば、政治哲学は功利主義内部のかなり専門的な議論を別にすると、オークショットとかバーリン、シュトラウスとかアレントといった、独自の政治観と世界観を持った大家の「個人芸」としてしか存在しなかった――それゆえ彼らの思想に深く沈潜してその独特の用語法に熟達しなければ政治哲学に参加できなかった――ように見えるが、一九七〇年代にこの状況は劇的に変わった。一九七一年にハーヴァード大学の哲学教授ジョン・ロールズ（一九二一―二〇〇二）が大著『正義論』を発表して規範的な正義論を再興させ、多くの哲学者をこの分野の議論に参加させたからである。しかしこの必ずしも明快でなく読みやすくもない書物が学界だけでなく一般読者層（の一部）にも及ぶ影響力を持ったのは、哲学書としての長所だけでなく、それが提唱する正義の原理が当時有力だったアメリカの福祉国家リベラリズムの分配的正義観に合致したからだろう。

『正義論』のロールズは前節で紹介した功利主義批判から出発して、個人の人格を尊重する社会正義の原理を提出する。彼は「無知のヴェール」におおわれた仮説的な「原初状態」にある理性的な人々が採用するであろう社会制度の原理として、二つのものをあげる。単純化して言えば、第一の原理は、各人は平等な基本的諸自由への最大限の権利を持つ、というものである。第二の原理は、社会的・経済的不平等は次の二つの制約の下でのみ許されるとする。その第一の制約は「格差原理 difference principle」(≒「マクシミン原理」あるいは「レクシミン原理」)と呼ばれるもので、最も不利な人々の状態が最善になるということ、第二の制約は機会の公平な平等である。第一の原理は第二の原理に優先して適用され、第二の原理の中では第二の制約の方が第一の制約に優先する、と言われる。

ロールズの社会正義の二原理は功利主義のはらんでいた不公正な分配の可能性を否定し、「公正 fairness」という、実践的議論で現に重要な役割を果たしている観念に明確な内容を与えようとしたという点で注目に値する。また彼は、近世の社会契約論の発想を換骨奪胎して、仮想的社会契約の内容として道徳原理を正当化するという「契約主義 contractarianism; contractualism」や、基本的価値原理と個別的事例についての直観的判断との間のフィードバックを通じて両者が調和する「反射(反照・反省)的均衡 reflective equilibrium」を求めるという実践的推論の方法を提案したが、これらの方法は正義原理の内容とは独立の評価に値する――ただしロールズが反射的均衡の方法を抽象的に提唱する以上に自分で実践しているかどうかはまた別の問題である。

しかしロールズの議論には問題点やあいまいな点も多かった。彼の正義の原理の中でも特によく知られて議論の的になってきたのは、分配的正義の平等主義的基準である格差原理である。これに対しては、〈原初状態の人々が選びそうな分配の基準は、ありうべき最悪の結果を一番ましなものにしようとする小心翼々たるマクシミン・ルールであるよりも、効用の平均値の最大化、つまり平均的功利主義だろう〉とか〈最悪の状態にある人々の状態をいくらかでも改善するため平均的効用の大幅な引き下げが要求されるのは、われわれの直観に反する〉といった、もっともな批判がある。このためか、ロールズの平等主義の精神を基本的に受けつぐその後のリベラル派の中にも、格差原理をそのままの形で支持している論者はほとんどいない。またロールズの正義の第一原理が保証する基本的諸自由の内容は極めて不明確なままにとどまった――もっともその中に経済的自由が含まれないことは確かだが。

さらに原理的なレベルでは、無知のヴェールのため自分に関する個人的情報が完全に欠如している原初状態で選ばれるとされる原理を、特定の価値観を持っている現実の人々が採用することがなぜ合理的なのか疑問である。ロールズは〈個人の才能や性質は道徳的観点からは恣意的なものだから、それを利用した活動の成果は社会的プーリング（共同管理）に服すべきだ〉とするが、この発想は単に経済的自由を軽視しているだけでなく、経験的属性を一切持たない抽象的自我へと道徳的人格を画一化してしまうように見える。人を他人と違う個人たらしめている経験的属性を全く捨象された人格が「目的」として取り扱われるからといって誰が喜ぶだろうか？　また才能や能力に恵まれた人は、そのことによって他人に不利益を与えるわけではない――それどころか、間接的に利益を与えているかもしれない――のに、その能力の産物を他の人々のために利用されてしまうのだから、ロールズが批判した功利主義同様、「人格の別個性」を尊重していないという批判もできる。

これらの批判を受けて、その後のロールズは仮想的社会契約を利用した正義原理正当化の議論を後退させ、西洋の民主主義社会の中に求めることができる（しかし権威主義的な国では存在しえない）「重なり合うコンセンサス」に訴えかける、「政治的リベラリズム」（同名の書、初版一九九三年）を説くようになった。この変化は「公正としての正義――政治的であって形而上学的ではない」という一九八五年の論文の題名に端的に表現されている。普遍主義的正義論から個別主義的プラグマティズムへのこの転向には賛否両論がある。後期ロールズは歴史的に形成された政治文化の重要性をようやく認識するようになったと賞賛する人もいれば、彼は哲学的雄図を捨てて自分が属する政治文化の単なる代弁者になってしまったと嘆く人もいるのである。私自身は前期の『正義論』の議論に賛成しないとはいえ後者の評価にも共感するから、これ以上後期ロールズの思想を紹介することはしない（そもそもあまり読んでいないし、日本語の研究書は多い）。

ロールズの正義論はその影響の巨大さにもかかわらず欠点が少なくなかった。ロールズの功績は彼の正義の原理の内容よりもむしろ、統一されたきめの細かい規範的正義論を実際に提出することでその可能性を認識させ、「ロールズ産業」と言われたほどのおびただしい解説的・称賛的・批判的な研究を産み出して、正義論のために共通の議論と相互批判の場を設定したことにある。実際今日の政治哲学・社会哲学の著作の多くは、まずロールズに対する対応によって自らの立場を明らかにしている。この意味でロールズの『正義論』はその批判者にとっても無視できない現代の古典なのである。

最近の分配的平等論

ロールズの影響を受けた平等主義的リベラルの中には、彼の「格差原理」正当化論にはさまざまな理由から賛成できなくても、その基本的な発想を生かして別のタイプの分配的正義の原理を探求しようとする論者が多い。そのような基本的発想は〈功績によらない（undeserved）不平等は補償を要求する〉という、ロールズのいう「補償原理 principle of redress」である。多くの平等主義者はこれを〈本人の選択の結果生じた不平等は本人の責任だから平等化する必要はないが、本人に責任のない事情による不平等は正当化されねばならない〉というふうに理解した。この思想は、ややミスリーディングな名前だが、「運の平等主義 luck egalitarianism」と呼ばれている。補償原理や運の平等主義では、平等な分配が規範的な意味でデフォルトの状態とされているのである。

そのため運の平等主義者の間で熱心に論じられるようになったのは、「何の平等か?」という、平等化されるべきものに関する議論で、そこでは「資源の平等」、「福利の平等」、「機会の平等」などを唱える論者が相互を批判している。かくして彼らは正義論一般を「何の平等か?」の問題とほとんど同一視して、「なぜ平等が(そしてそれだけが)大切なのか?」という、根本的な問題を無視してきた。たとえばドゥオーキンは政治哲学の領域では〈自由 liberty 一般への権利などというものは存在せず、「平等な配慮と尊敬を求める権利」という抽象的で基本的な権利から、個別的な諸自由 liberties を含む各種の具体的な権利が導き出される〉と主張して、〈自由と平等は時には衝突する〉という常識的な発想をさまざまな理由で批判し続けた。

平等主義リベラルの中には、ノーベル経済学賞受賞者アマルティア・セン(一九三三―)のように、「なぜ平等が大切なのか?」という問題は「何の平等が大切か?」という問いの「出来の悪い代用品に過ぎない」という人もいる。しかし彼らの問題関心は狭すぎる。現代の政治思想に限っても、平等な分配――それが何の分配であるにせよ――に重要な意味を見出さない思想は少なくない。前節で論じた功利主義がそうだし、以下で取り上げるリバタリアニズムやコミュニタリアニズムも普通そうである。たとえばリバタリアニズムは「法の下の平等」を重視するが、それは消極的自由の平等であって、政府による分配によって達成される平等ではない。

また分配的正義論も平等主義に尽きるわけではない。平等主義的でない分配的正義論として、最近「優先性説 priority view; prioritarianism」と「十分性説 sufficiency view; sufficientarianism」

が有力に唱えられている。

優先性説は最近パーフィットが平等主義と明確に区別した見解である。彼によれば、平等主義とは平等な分配がそれ自体として望ましいとする見解だが、これは「レベリング・ダウンの反論」を免れない。この反論は、〈もし平等な分配がそれ自体としてよいことならば、暮らし向きのよい人々が、他の人と同じくらい暮らし向きが悪化した場合、その変化は誰にとっても改善でないのに、少なくとも平等という点では改善ということになってしまう〉というものである。「レベリング・ダウンの反論」に対して再反論を提起する論者もいるが、ともかくそれが直観的な説得力を持っていることは確かである。

平等主義と違って優先性説はこの反論を免れている。優先性説とは、〈人々への利益は、利益の大きさが同じだとすれば、その人々の暮らし向きが（絶対的な基準で）悪ければ悪いほど重要だ〉というものである。優先性説からすればレベリング・ダウンは悪化でしかありえない。平等主義が人々の間の相対的関係である平等を重視するのに対して、優先性説は絶対的な尺度での暮らし向きを重視するからである。ただし優先性説内部でも、暮らし向きの悪い人の状態の向上にどれだけの優先性を与えるかについては見解の相違がある。一番極端な見解は〈一番恵まれない人に絶対的な優先性を与えるべきだ〉とするもので、ロールズの「格差原理」はこれにあたるという解釈もできる。ともかく優先性説は平等自体には価値を置かないが、結論的には不平等を小さくする分配を支持する傾向がある。

次に十分性説とは、財の分配について道徳的に重要なのは〈誰もが平等に持つ〉ということではなく〈誰もが十分に持つ〉ということだ、という思想である。これも優先性説と同様、人々の間の相対的な関係である平等ではなく、暮らし向きの絶対的な水準に関心を持つが、あるレベルに達すればもはや分配の必要はないと考える点で優先性説と異なっている。この説への自然な疑問は「一体どれだけ持てば十分なのか?」というものである。抽象的には〈十分であるとは、もはやそれ以上欲しくないということではなくて、無理してさらに欲しがる理由がないということだ〉と言えるが、この問題について十分性説の論者の中でそれ以上の意見の一致は見られない。

だがいずれにせよ、それは平等主義や優先性説に比べると、財の強制的分配を正当化する余地を小さくするだろう。十分性説はロールズ派リベラルの間だけでなく、次に説明するリバタリアンの間でも、最小限度の福祉給付を是認する穏健派の中で支持を受けている。

リバタリアニズム

ロールズの正義論への根本的な批判を行った人々の間でもとりわけ才気煥発で刺激的な本を書いたのがロバート・ノージック(一九三八—二〇〇二)である。彼は『アナーキー・国家・ユートピア』(一九七四年)で、平等ではなく消極的自由(外からの干渉の不存在)を基本的な原理とするリバタリアニズム **libertarianism** の立場から、ロールズ派リベラルが支持するような積極的国家の不正を弾劾した。

ここで用語について説明しておこう。「リバタリアニズム」は「自由至上主義」とも訳されるが、「自由主義」という意味での古典的な「リベラリズム」の別名である。今日「リベラリズム」という言葉が福祉国家思想や平等主義や社会民主主義を指すために用いられているので、あえてこの言葉が使われるようになった。リバタリアニズムは通俗的にメディアなどで、左派のリベラリズムと対立する右派の保守主義の一種と見なされることもあるが、保守主義と違って思想の自由や人身の自由などの個人的自由を何よりも重視するから、この点ではリベラリズムと共通する。リバタリアニズムは現代リベラリズムとも保守主義とも異なる、徹底した個人主義的自由主義である。

ロールズの原初状態からの正義原理の導出は、一見国家や社会の成立に関する古典的な社会契約論を思わせた。しかしそれはロールズにあっては歴史的事実でない思考実験だっただけでなく、そこに登場する人々はすべて個性を持たない、ロールズ風に「合理的」な人だったから、「契約」は名ばかりにすぎず、社会契約論が持っている〈契約当事者の合意〉という主意主義（voluntarism）的正当化の要素を持たなかった。それに対してノージックは個性を持った人々の現実の合意を国家の正当化のために要求した。現代の政治哲学者のほとんど（おそらくロールズも含む）と違い、そしてホッブズやロックといった近世の偉大な政治哲学者と同様に、ノージックは国家の正統性を当然の前提とせず、その根拠を問題にしたのである。

ノージックはロックが『統治二論』（一六九〇年）で提唱した自然権論と社会契約論を受け継ぎ、

〈各人は同意なしに生命や自由や財産を侵害されず、権利侵害に対して賠償を求め処罰する権利を持つ〉という前提から出発する。各人が自分の身体と労働の産物に対する排他的権利を持つという思想は、その後「自己所有権テーゼ self-ownership thesis」と言われるようになった。これらの権利はほとんどあらゆる目的論（≒帰結主義）的考慮に優越するという意味でほぼ絶対的なものである。ノージックによれば、ここから正当化できる国家機能は個人のこれらの権利の保障に限定される。夜警国家を彷彿させるこの「最小国家」を越えた「拡大国家」――社会主義国家はむろんのこと、現代の福祉国家もこれに含まれる――は、財の分配を何らかの型にあてはめようとする分配的正義観（その典型はロールズ）によって個人の所有物への権限を侵害するものである。この「型化原理 patterned principle」に対してノージックが提唱する正義は、〈財産の取得は原始的取得か合意による移転か権利侵害に対する修復のいずれかでなければならない〉とする「権原理論 entitlement theory」である。彼は自発的な同意によって結ばれた「ユートピアの共通基盤としての枠」として最小国家を構想する。その内部では、人々は自分たちの選ぶ多様なコミュニティに住むことができる。

十八世紀自由主義への復帰を思わせるノージックのリバタリアニズムは、諸個人の異質性と財の歴史的な由来を強調して、国家の肥大化への反省を促すものである。彼の自然権論については、その内容が自由権に限られて社会権を含まないのは不当だとか、目的論的考慮に対する権利の優位が極端すぎるといった批判がなされている。しかしノージックほど個人の意志を絶対視すべきかどうかはともかく、国家の強制力と権威の正当化のためには個々の国民の現実の意志を尊重すべきだとは言えるだろう。

なおノージック以上に自然権論リバタリアニズムを徹底して最小国家さえ否定し、無政府資本主義（**anarcho-capitalism**）を提唱した、オーストリア学派経済学者でもあったマレイ・ロスバード（一九二六―九五）の『自由の倫理学』（一九八二年）も、その議論の徹底性において注目すべきである。

リバタリアンの中には彼らのように自然権の観念に訴えかける代わりに、契約主義的正義論を説く論者もいる。彼らはロールズの「原初状態」に登場する人物ほど内容空虚でない現実の人々の合意を尊重する形で想定された社会契約の観念を用いる。その中で重要なのは、公共選択学派を創設してノーベル経済学賞を受けたジェイムズ・ブキャナン（一九一九―）の『自由の限界』（一九七五年）と、ホッブズにならって自己利益を追求するという意味での合理性と道徳との調和をめざすデイヴィド・ゴティエ（一九三二―）の『合意による道徳』（一九八六年）と、契約主義とロック的所有権論を併用したジャン・ナーヴソン（一九三六―）の『リバタリアン・アイディア』（一九八八年、未邦訳）である。

彼らもロールズも共に正義論へのアプローチとして契約論をとった。この事実は、契約論は倫理学の極めて一般的な方法であって、どのような契約状況を想定するかによって異なった正義論に至るということを示している。同じことがロールズの「反射的均衡」についても言える。直観レベルで補償原理よりも自己所有権テーゼを受け入れている人は、ロールズと違って「反射的均衡」を通じてリバタリアニズムに至るだろう（かく言う私自身がそうである）。

　これらのリバタリアンを含めて、正義論に参加する大部分の論者は何らかの価値的なコミットメント（態度決定）を行っているが、彼らと違って正義論をもっぱら知的な正誤の問題として論じたのが、オーストリア学派の経済学者としても知られるフリードリヒ・ハイエクだった。彼もリバタリアンの一人に分類されるが、その思考は今あげた論者とはかなり異なる。

　自然権論者や契約論者がはっきりと規範的な議論をするのに対して、ハイエクは〈一般的・抽象的なルールと自由な条件の下の自生的秩序 spontaneous order の方が、中央集権的社会よりも生き残りやすい〉という理由で自由を擁護している。ハイエクによれば、政府が意図的に望ましい社会を作り出せるかのように想定している構成的合理主義 constructive rationalism は、計画者の持っている知識についての「致命的な思いあがり」（彼の遺著の題名）と、人間行動を指導している意識化されない原理の重要性の認識不足とに起因している。功利主義ももっぱらこの理由から批判される。そしてハイエクは、正義は現代のロールズなどが言うような社会制度の属性ではなく人間の行動の属性であり、ルールの存在を前提しているとして、「社会正義の幻想」（『法と立法と自由』第二巻の題名）を批判する。社会全体の財の分配に関する「社会正義」という言葉は社会を擬人化する誤った用語法だというのである。彼によると、人間が全知であれば正義という観念は不要である。人々の持っている知識が限られたものだからこそ、一般的ルールが必要になる。

ハイエクの法理論は法学の分野にとどまらず、経済学や心理学にもおよぶ雄大な社会理論の一環であり、そこから学ぶべきものは大きい。しかし彼の自由主義は自由それ自体に価値を見出すのではなく、もっぱら自由の確保を進化への適合の手段として考えており、社会主義者や平等主義者のような論敵を異なった価値観を持つ者ではなく、知的な誤りを犯している者として扱っている点に、長所も短所もある。

ハイエクの議論は構成主義的合理主義の難点を指摘し、政治哲学上の見解の対立が必ずしも価値観の相違に基づくとは限らないことを示してはいる。だが規範的正義論が価値的判断の対立に触れずに解決できると考えるならば、それは行き過ぎである。ハイエクが批判してやまない「社会正義」論は、彼が共有していない分配的正義観に立って、政府が果たすべき役割について彼よりもずっと積極的な見方をしているのであって、それを「幻想」であるとか、「正義」という言葉の正しい用法に反するとかいって非難するだけでは批判として不十分である。

ハイエクの正義論は規範的内容の空虚さのために、多くのリバタリアンにとっても不満を感じさせるものになっている。その中には自然権や基本権の観念がない。彼の理論にあっては、法は基本的な権利を保護・実現するために存在するのではなく、一般的なルールである法の支配が、その結果として権利の内容を規定するにすぎない。彼はミニマムの福祉水準の実現のために国家の介入を是認するが、その目的は、それによって援助を受ける人々のためというよりは、貧しすぎる人々の存在が社会に不安をもたらさないためである。ハイエクは確かに個人の自由を重視するが、その論拠は、通常の自由主義におけるような、個人の生にとっての自由の重要性ではなく、社会の発展のための必要条件だという点にある。

さらにあるルールや慣習が生き残ってきたからといって、それを受け入れている人々にとって必ずしもそれが望ましいということにはならない。ゲーム理論における「囚人のディレンマ」の状況を考えればわかるように、社会の全員あるいは大部分が協力すれば全員にとって最も望ましい共存共栄に至る慣行を採用できるときでも、その協力を確保する手段がなければ、痛み分けに終わるような慣行から脱出できない場合もある。ある慣習が生き残ってきたということは、必ずしもその慣習の下で生きる人々の暮らし向きがよいということまで意味しない。

しかしハイエクがその師ミーゼスとともに「社会主義計画経済論争」において市場の情報伝達機能を指摘したという功績は忘れてはならない。経済学ではしばしばあらゆる重要な情報が知られているかのように論じられてきたからである。

なおミーゼスやハイエクのようなオーストリア学派とは違うが、それより一般的なシカゴ学派の経済学も、やはり自由市場の効率性を強調するためリバタリアニズムと同じ実践的主張に至ることが多い。

日本ではリバタリアニズムはアメリカと違って政治哲学の学界では存在感がないが、法哲学の世界で熱心な支持者を持っている。

コミュニタリアニズム

本節でこれまであげたさまざまな正義論は、その内容に大きな相違があるものの、すべて個人主義的なものだった。つまり個々の異なった人々の間の関係を公正に規律することに正義の目的があると考え、国家社会をそのための手段としてとらえている。ところが一九八〇年代から、このような個人主義的リベラリズムに反対してコミュニティの意義を強調するコミュニタリアニズム **communitarianism** が盛んに説かれるようになった。「コミュニタリアニズム」は「共同体主義」あるいは「共同体論」と訳すこともできるが、英語の「コミュニティ」と日本語の「共同体」は同一ではないと言う人もいるので、ここではあえてそう訳さないでおく。もっともコミュニタリアニズムに属すると考えられる論者の中には、この言葉を好まなかったり、むしろ「(公民的) 共和主義 (civic) **republicanism**」という言葉を使ったりする人も多い。

しかしともかくコミュニタリアニズムの代表的理論家として、ロールズの「義務論的リベラリズム」が自己反省能力を持たない「負荷なき自我 **unencumbered self**」にすぎないと批判して共和主義的民主政を主張するマイケル・サンデル (一九五三―)、道徳に関する現代的な「情緒主義」に反対して伝統と「徳の倫理」の復権を唱えるアラスデア・マッキンタイア (一九二九―)、さまざまな財の社会的な意味に注目して「多元的平等」を唱える社会民主主義者マイケル・ウォルツァー (一九三五―)、近代の「原子論」的個人観と「主観主義」を批判するチャールズ・テイラー（一九三一―）をいわば四天王としてあげることができよう。

彼らの主張の中には相違もあるが、以下の思想は共有していると思われる。――人々が持つ「善」の観念はその人が属しているコミュニティによって与えられている。人はその特定の善の観念を解釈するが、そこから離れた価値観を持つことはできない。コミュニティはばらばらな個人の集合ではなく、そのメンバーの人格をまさに構成しているものであって、自由主義が想定しているような公私の峻別は不可能である。従って公的な「正」と私的な「善」という区別も維持できない。人間の生は自らが属しているコミュニティの中で、仲間との共同の活動に携わってこそ十全な意味を持ちうる。だから個々人の利益は別物でなく、コミュニティ全体にとっての「公共善 **public good**」と不可分に結びついている。また社会の中で生ずる争いを解決するとき必要なのは、人々が属している豊かな歴史的・文化的伝統への訴えかけである。あるいは人々が置かれている具体的状況と関係への感受性に満ちた理解と思いやりである。それに対して、利己主義的な個人権を持ち出すことは、社会生活を貧しいものにしてしまう――。

コミュニタリアニズムは、正義論が想定する人間像がロールズの「原初状態」に現われるような、経験的属性をもたないカント的自我であると考えた場合に難点が大きいことを指摘し、コミュニティが人々の生活において重要な役割を果たしていることを説くという点では正しいものを持っている。

しかしコミュニタリアニズムにはその長所を打ち消してしまう欠点もある。第一に、それは個人が自分の生き方を決める自由を十分に尊重しない。人間の生き方は、選択ではなくコミュニティの一員としての自己発見あるいは自己解釈の問題と考えられている。またコミュニタリアニズムは個人が決して一つか少数のコミュニティにだけ属しているのではなく、それぞれに異なった価値観と世界観を持ついくつものコミュニティに属していて、どのコミュニティにどの程度一体化するかは初めから決まっているわけではないという事実を無視している。コミュニタリアニズムはコミュニティ間の価値の相対性を強調し、普遍的な価値といったものに懐疑的だから、異質のコミュニティの道徳の衝突の際には助けにならない。それはせいぜい〈相互の謙虚な対話と理解が必要だ〉という程度のことしか言えない。最後に、人格が何らかのコミュニティへの帰属によって決定されつくしているかのような想定も非現実的である。総じてコミュニタリアニズムはリベラリズムやリバタリアニズムと違って、強制力の行使を正当化する範囲を限定しようという、立憲主義的発想を持たず、特定の人生観や幸福観を特定の社会の中で押しつける恐れがある。

コミュニタリアニズムは、いかなる種類のコミュニティを重視するかによって、参加民主主義や社会主義、フェミニズムや「ケアの倫理」、文化的保守主義やナショナリズムとも結びつくから、政治において左派にも右派にもなりうる。実際コミュニタリアニズムはリベラル派の一部に集団的アイデンティティを尊重させることに成功した。後期のロールズの「政治的リベラリズム」への転向も、コミュニタリアニズムへの接近と解釈することができる。そのため現在ではコミュニタリアニズムとリベラリズムの境界は曖昧になってきた。その好例は、国家内部の少数民族やエスニック・グループの文化的自己決定権を主張するウィル・キムリッカの「多文化主義multiculturalism」や、コスモポリタニズムに反対してデイヴィド・ミラーが提唱する「リベラル・ナショナリズム」である。

コミュニタリアニズムはリベラリズム批判として出発した当初は政治哲学としての性質が強かったが、前世紀末から今世紀になると、抽象的な人間論よりも実践的な社会運動という面が強くなってきた。それは具体的には、地域コミュニティの再生と道徳教育の強化を主張したり、市場社会と市場経済の拡大と文化のグローバル化を批判したりするといった立場に現われている。日本では明示的にコミュニタリアンを自称する人は多くないが、日本の社会はそもそも欧米よりもコミュニタリアニズムに親しむ文化を持っているので、その思想は一見したよりも根強い支持を得ているといえよう。

正義論の将来

一九七〇年代以降の正義論の再生はいまだに衰える気配を見せないが、『正義論』や『アナーキー・国家・ユートピア』のような壮大な政治哲学の書物は最近少なくなり、もっと細分化されたテーマに関する研究が多くなった。しかしその一方、最近になってようやく学問的に論じられるようになってきた正義論の領域も存在する。その一つは国家を超えたグローバルな正義論の問題である。ロールズをはじめ、正義論の論者は一国内部だけで正義、特に分配的正義の問題を論ずるのが常だったが、正義論が国内だけの問題だと考える理由は薄弱である。特に現代のグローバリゼーションの進展に伴い、地球規模での正義 global justice の問題は緊急性を増している。具体的には国際援助の義務の存否、移民の自由、難民の権利、環境の保護と利用などの問題がある。またこれまでの正義論は現在生きている人々しか問題にしないことが多かったが、公共政策が長い時間的な影響を及ぼすからには、まだ生まれていない人々をも含めた将来世代への義務という、世代間倫理 intergenerational ethics も検討されねばならない。

だが法哲学の中で正義論が関心を向けるべきなのは、そのような新しい分野だけではない。これまでの正義論はごく一般的なレベルにとどまっていて、法哲学の各論的テーマの研究は、憲法の分野を例外として総じて遅れていたという観を否みがたい。法哲学が相対的に解釈法学の諸分野から独立しているという事実は、理論的な洗練と発展を進めるという長所の一方でこのような欠点も持っている。法哲学の正義論は、先取りされた結論にもっともらしい権威を与えるという役割を引き受けるべきではないが、法解釈学の問題に取り組むことを回避すべきでもない。

文献解題

本章では、

・碧海純一［2000］『新版　法哲学概論（全訂第二版補正版）』弘文堂

の中で私が執筆した第八章一「古代ギリシア・ローマの正義論」と第九章「現代の正義論」を利用した。

プラトンの『国家』にもアリストテレスの『ニコマコス倫理学』にも複数の翻訳があるが、私は学生時代から親しんでいる岩波文庫版を用いた。ハートの『法の概念』の中で一番論じられることが少ない第八章の第一節はアリストテレス正義論に関する議論を含んでいる。

・Weinrib, Ernest J. [2012] *The Idea of Private Law*, Oxford University Press.（初版は一九九五年）

の第4章は、アリストテレスの「矯正的正義」の観念が今でも不法行為法の指導理念になるべきだと主張している。

特殊的正義を「分配的正義」と「交換的正義」に二分する、トマス・アクィナスの創造的だが誤ったアリストテレス正義論解釈については、

・Hause, Jeffrey [2013] "Aquinas on Aristotelian justice: defender, destroyer, subverter, or surveyor?", in Hoffman, T., J. Muller and M. Perkams (eds.), *Aquinas and the Nicomachean Ethics*, Cambridge University Press.

を見よ。トマスのこの解釈は『ニコマコス倫理学』を実際に読んだことのない人々の間ではいまだ

に根強い。

「善」と「正」の区別と、正義論が「善」の内容について中立的であるべきだという主張については、

・**森村進［2013］『リバタリアンはこう考える――法哲学論集』信山社**

の第3章「リバタリアンな正義の中立性」を見よ。

現代正義論に関する書物は日本語に限っても汗牛充棟の量に達するので、そのごく一部をあげるにとどめる。

本書では論じなかったマルクス主義やフェミニズムまで含んだ総合的な概論として、リベラル平等主義と多文化主義に好意的な観点から書かれた

・**Kymlicka, Will [2002] *Contemporary Political Philosophy: An Introduction*, 2nd ed., Oxford University Press.（千葉眞＝岡崎晴輝ほか訳『新版　現代政治理論』日本経済評論社、二〇〇五年）**

がすぐれている。

不当に誤解されがちな思想である功利主義については、

・**児玉聡［2012］『功利主義入門――初めての倫理学』ちくま新書**

をまず読むべきである。

本文に引用したベンサムの「正義」観は、

・**関嘉彦（編）［1979］『世界の名著49　ベンサム　J・S・ミル』中央公論社**

二〇一頁の注に見られる。ミルの『功利主義論』からの引用は五一七頁。この本はベンサムの『道

徳及び立法の諸原理序説』の部分訳とミルの『自由論』や『功利主義論』などを一冊に収録しているので大変便利である。だが『諸原理序説』がいまだに完全に訳されていないことは惜しまれる。

功利主義を〈厚生主義と帰結主義と最大化原理の三つのテーゼの複合体〉とする見方は、

・Sen, A. and Bernard Williams (eds.) [1982] *Utilitarianism and Beyond*, Cambridge University Press.

の編者序論の中で示され、功利主義への賛否にかかわらず多くの論者に共有されているので、本章でもそれに従った。

ハートが功利主義批判を検討した論文は『法学・哲学論集』収録の「効用と権利の間」である。

広い意味で功利主義の伝統に属する現代倫理学の重要な書物として、

・Hare, R. M. [1981] *Moral Thinking*, Oxford University Press.〈内田惣七＝山内友三郎訳『道徳的に考えること』勁草書房、一九九四年〉

・Parfit, Derek [1984] *Reasons and Persons*, Oxford University Press.〈森村進訳『理由と人格――非人格性の倫理へ』勁草書房、一九九八年〉

をあげておく。後者は〈人格の別個性は普通考えられているほど深い事実ではない〉と主張して、功利主義を批判する議論の多くに反対した。私はこの本に大きな影響を受けて、

・森村進［1989］『権利と人格――超個人主義の規範理論』創文社

でパーフィットの人格同一性論を道徳の領域で応用した。

今日の功利主義の再興については、

・『法哲学年報2012　功利主義ルネッサンス――統治の哲学として』有斐閣、二〇一三年

に収録された諸論考を見よ。この本の副題が示唆するように、現代の功利主義は個人の道徳ではなく、統治制度の目標として提唱される傾向が強い。

ロールズの主著は、

・Rawls, John [1999] *A Theory of Justice*, revised ed., Harvard University Press.（川本隆史＝福間聡＝神島裕子訳『正義論 改訂版』紀伊國屋書店、二〇一〇年）（原書初版は一九七一年）

である。ロールズの著書の多くは、最晩年から死後に刊行された講義録も含めて訳されているが、後期の代表作とされる

・Rawls, John [2005] *Political Liberalism*, 3rd ed., Columbia University Press.（初版は一九九三年）

と全論文集

・Rawls, John [1999] *Collected Papers*, Harvard University Press.

はいまだに訳書が出ていない。ロールズに関する日本語の本は多いが、最新のものとして、

・仲正昌樹［2013］『いまこそロールズに学べ――「正義」とはなにか』春秋社

だけあげておく。この本の注にはたくさんの文献が紹介されていて便利だからである。

ロールズ以後のリベラル平等主義（とそれに対する批判）を概観する日本語の書物は、意外なことに管見では存在しない。この分野では「何の平等？」という問題が特に関心を集めているが、その代表は前章にあげたドゥオーキンの『平等とは何か』である。ほかにこの分野で日本でもよく知られている思想家は、ノーベル賞を受けた経済学者のセンと「分析的マルクス主義者」の政治哲学者コーエンである（ただし二〇〇九年に死ぬまで自覚的に社会主義を提唱し続けていたコーエンを

「リベラル」と呼ぶことはできない)。正義論の分野における両者の代表的な書物としては、

・Cohen, G. A. [1995] *Self-ownership, Freedom, and Equality*, Cambridge University Press.(松井暁=中村宗之訳『自己所有権・自由・平等』青木書店、二〇〇五年)

・Sen, Amartya [1992] *Inequality Reexamined*, Oxford University Press.(池本幸生ほか訳『不平等の再検討——潜在能力と自由』岩波書店、一九九九年)

をあげておこう。本文中のセンからの引用はこの本の一七頁から。

平等主義以外の分配的正義論や国際的な正義や世代間正義といった比較的新しいテーマについては次の本が読みやすい。

・宇佐美誠[2011]『その先の正義論——宇佐美教授の白熱教室』武田ランダムハウスジャパン

リバタリアニズムを概観するためには、

・森村進(編)[2006]『リバタリアニズム読本』勁草書房

が便利である。

リバタリアニズムを代表する著作としては、

・Nozick, Robert [1974] *Anarchy, State, and Utopia*, Basic Books(嶋津格訳『アナーキー・国家・ユートピア——国家の正当性とその限界』木鐸社、一九九五年)

・Hayek, F. A. [1960] *The Constitution of Liberty*(気賀健三=古賀勝次郎訳『自由の条件I—III』春秋社、二〇〇七年)

・Hayek, F. A. [1973; 1976; 1979] *Law, Legislation and Liberty*, 3 vols., University of Chicago Press.(矢島鈞次ほか訳『法と立法と自由I—III』春秋社、二〇〇七—〇八年)

・Rothbard, Murray N. [1982] *The Ethics of Liberty*, Humanities Press.（森村進ほか訳『自由の倫理学――リバタリアニズムの理論体系』勁草書房、二〇〇三年）

・Gauthier, David [1986] *Morals by Agreement*, Oxford University Press.（小林公訳『合意による道徳』木鐸社、一九九九年）

がある。中でもハイエクについては日本で研究が盛んで入門書・研究書も多いが、序論の文献解題であげた嶋津の書物以外には、

・渡部幹雄［2006］『ハイエクと現代リベラリズム』春秋社

をあげるにとどめておく。

私はロック＝ノージック＝ロスバード的「自己所有権論」を（主としてオーストリア学派的な）経済学的考慮で補強した自然権的リバタリアニズムを提唱してきた。その内容は大部分

・森村進［1995］『財産権の理論』弘文堂

・森村進［2001］『自由はどこまで可能か――リバタリアニズム入門』講談社現代新書

と前記の『リバタリアンはこう考える』にまとめられている。

コミュニタリアニズムに関する好個の概説書は、

・菊池理夫＝小林正弥（編著）［2012］『コミュニタリアニズムのフロンティア』勁草書房

・菊池理夫＝小林正弥（編著）［2013］『コミュニタリアニズムの世界』勁草書房

の二冊（特に後者）である。

サンデルのコミュニタリアニズムを理論的に代表するのは彼の最初の著書

・Sandel, Michael [1998] *Liberalism and Limits of Justice*, 2nd ed., Cambridge University

Press.（菊池理夫訳『リベラリズムと正義の限界　原著第二版』勁草書房、二〇〇九年）（原書初版一九八二年）

だが、もっと一般向きに書かれたものが、ＮＨＫテレビで放送された「ハーバード白熱教室」の授業を基にした

・Sandel, Michael [2009] *Justice: What's the Right Thing to Do?*, Allen Lane（鬼澤忍訳『これからの「正義」の話をしよう』ハヤカワ・ノンフィクション文庫、二〇一一年）

である。私は次の論文でサンデルのコミュニタリアニズムを批判した。

・森村進 [2012]「マイケル・サンデルのコミュニタリアン共和主義」『一橋法学』11巻2号

コミュニタリアニズムの別の面を代表するマッキンタイア、テイラー、ウォルツァーのそれぞれの主著は、

・MacIntyre, Alasdair [1984] *After Virtue*, 2nd ed., University of Notre Dame.（篠崎榮訳『美徳なき時代』みすず書房、一九九三年）（原書初版一九八一年）

・Taylor, Charles [1989] *Sources of the Self: The Making of the Modern Identity*, Harvard University Press.（下川潔＝桜井徹＝田中智彦訳『自我の源泉――近代的アイデンティティの形成』名古屋大学出版会、二〇一〇年）

・Walzer, Michael [1983] *Spheres of Justice*, Basic Books.（山口晃訳『正義の領分――多元性と平等の擁護』而立書房、一九九九年）

である。

第7章

メタ倫理学

1　メタ倫理学とは何か

いかなる倫理学の議論も、規範的主張から一応独立に道徳的性質と道徳的言明の特徴を一般的に検討するメタ倫理学への言及なしには不完全なものにとどまる。ではメタ倫理学とはいかなる学問領域だろうか？

現代のメタ倫理学の代表的な教科書であるアレクサンダー・ミラーの『今日のメタ倫理学：入門』（未邦訳）はメタ倫理学が取り上げる問題として、（a）道徳的ディスコースの「意味論的機能」、（b）道徳的事実・性質の「形而上学」、（c）道徳的知識・判断の「認識論と正当化」、（d）経験された道徳的性質の「現象学」、（e）道徳的判断を行う際の「道徳心理学」、（f）道徳的判断の「客観性」という、相互に関係する六種類のものをあげている（Miller［2013］p.2）。このうち（d）と（e）はメタ倫理学の中に比較的新しく迎えられた問題群だろう。今日のメタ倫理学の領域は、たとえば四十年前よりもずっと広くなっている。そしてミラーがあげた問題群以外にも「道徳的議論の方法」や「道徳の存在理由」といったテーマもメタ倫理学に属すると考えられるし、規範倫理学とメタ倫理学の境界は明確なものでないから、メタ倫理学の内容は流動的である。しかしミラーがあげる問題群がメタ倫理学の中心的な部分を占めることは間違いない。

その中でも道徳判断の（c）正当化と（f）客観性という問題は、規範倫理学と特に関係が深い——だが規範倫理とメタ倫理との関係がどのようなものかは一概には言えず、両分野でどのような説をとるかにかかっているだろうが。

現代のメタ倫理学の重要な業績と評価されているマイケル・スミスの『道徳の中心問題』は冒頭で言う。

「哲学者はメタ倫理学のいくつかの問題に満足のゆく答えを与えてからでなければ規範倫理学に取り組むべきでないと考えてきた。［……］

哲学者は規範倫理学の問題よりもメタ倫理学の問題に一定の重要性を認めてきたのだが、確かにそれは正しいことであった。道徳問題に関する議論が合理的な議論の一形態ではないとすれば、日常生活におけるそうした［規範倫理上の］議論の役割がまさに問われることになる［からである］。」

法哲学の一部である正義論は、道徳問題一般と違って、普通強制力を伴う公権的な決定を対象とするから、そこでは特に万人を納得させるような合理性が要求される程度が大きいだろう。ところが最近の日本の法哲学教科書でメタ倫理学に一定の分量を割いているものは、「はじめに」であげた碧海の『法哲学概論』と田中の『現代法理学』くらいしかないが、いずれも前世紀末以降の最近の動向を取り入れていない。

そこで本書の最終章ではこの領域に簡単に触れる。まず碧海と田中が書いている一九七〇年代までのメタ倫理学を図式的に整理し（2節）、その後の展開の中から、私が説得力を感じ関心が持てる「エラー理論」と「道徳フィクション主義」を中心に説明し（3節）、最後に両者の観点から実践的議論がいかにあるべきかを素描する（4節）。

2　メタ倫理学説の伝統的三分法

「メタ倫理学」という名称自体は新しいが、それが取り扱うのは道徳の客観性とか存在と当為の関係といった問題だから、メタ倫理学は実質的には古代ギリシアから論じられたとも言えるし、十八世紀のデイヴィド・ヒュームの道徳理論の中にも、重要な議論を見出すことができる。しかし何といっても今日のメタ倫理学は、一九〇三年にケンブリッジ大学のG・E・ムーア（一八七三―一九五八）が『倫理学原理』を公刊した時に始まる。ムーアはその本の中で、功利主義者たちが善（good）という価値について「自然主義的誤謬 naturalistic fallacy」に陥っていると主張した。善は快楽のような自然的性質に還元できない、単純な独自の性質だというのである。

ムーアの「自然主義的誤謬」の議論が正確にはいかなる主張であるかについては倫理学者の間

でも解釈が分かれるが、それは一般には、事実から価値を導出する可能性を否定した議論だと考えられる傾向があった。この議論との関係で、メタ倫理学上の見解は次の三種類に大別されてきた。

第一は「自然主義」で、「善」とか「正」といった道徳的性質は客観的なものであり、それは快楽とか「歴史の発展の方向」といった自然的性質に還元できるとするものだが、これはムーアの批判以後自覚的な提唱者が少なくなった。

第二はムーア自身の立場で、道徳的性質は客観的に存在するが、それは自然的性質に還元できないと考える。この立場では、道徳的性質は数学や論理学の性質と似たものだと理解されることになる。非自然的性質を捉える能力は「直観」と呼ばれることが多いので、この説は「直観主義intuitionism」と言われる。直観主義に対するよくある批判は〈経験や感覚から離れた「直観」なるものは神秘的な能力だ〉というものだが、この批判は成功していない。善悪や正不正の価値判断は人々が日常行っている心理的活動で、そこには何の神秘的なものもないからである。「直観」は「道徳感覚」とも言える。むしろ直観主義の難点は、〈人々の価値判断の内容は数学や論理学の判断と違って、理性的な人々の間でも多岐にわたるから、そこには客観性がないのではないか〉というものである。もし道徳的判断の正しさについて誰もが認めるような基準があれば、その判断は客観的でありうるが、実際には誰もそのような基準を提出していない。

そこで一九三〇年代から、道徳的性質とは主観的なもので、道徳的言明は客観的な事態を記述しているのではなく、発言者の何らかの態度を表現しているという、第三の見解が有力になってきた。この立場はいろいろな名前で呼ばれるが、自然主義や直観主義と違って〈道徳的判断の真偽は認識できない〉と主張するので「非認識説（非認知主義）non-cognitivism」と呼ばれることが多いが、後述するように最近は「反実在論 anti-realism」という言葉がよく使われる。かつて日本の法学の世界ではドイツ語圏の文献の影響から「価値相対主義 value relativism」という表現をよく見かけたが、その名で呼ばれる主張が多様であるせいか——社会的事実に関する記述的主張なのか、規範倫理上の価値多元論なのか、メタ倫理上の反実在論なのか、明確でないことが多い——最近あまり使われなくなった。

非認識説の中にはさまざまな種類がある。その中でも一番単純なのは、当時若い論理実証主義者だったイギリスの哲学者アルフレッド・エアー（一九一〇—八九）が『言語・真理・論理』（一九三六年）で提唱した「価値情緒説 emotive theory of value」である。それによれば、道徳的言明はその対象に対する話者の感情を表現するだけのものである。人が「君があの金を盗んだのは悪いことだった」と言うとき、その人は特別な恐怖の調子で「君はあの金を盗んだ！」と言ったのと同じことを言ったにすぎない。

しかし価値情緒説は道徳判断を話者の感情の発露としてしか見ないために、道徳の言語の社会的性質を見過ごしているように思われる。またエアーは道徳的判断が全く主観的で合理的な議論の余地がないと考えたようだが、それも正当とは思われない。

第二次世界大戦後、オックスフォードの哲学者ヘアは『道徳の言語』(一九五二年)で「普遍的指令主義 universal prescriptivism」あるいは単に「指令主義」と呼ばれる非認識説の一ヴァージョンを提出した。ヘアによれば、道徳の言語には「指令性」と「普遍化可能性」という二つの要素が備わっている。「指令性」とは、発言者自身も含めて人々に行為を指令＝指図するという性質である。「普遍化可能性」とは、人がある道徳的判断を行う限り、同じ基準を満たす事柄には同じ判断を下さなければならないという性質である。この分析によれば、たとえば窃盗という行為を悪いと評価する人は、あらゆる窃盗を普遍的に非難して、そんな行為をしてはならないと命令していることになる。

言語行為論の影響が見られるこの主張は、道徳の言語の特徴をよくとらえているように思われる。〈人がある行為を「よい」とか「悪い」と言うとき、その発言者は「よさ」とか「悪さ」といった極端に抽象的な性質の存在について語っているというより、その行為に対して指図の要素を含んだ評価を行っている〉と理解するのは説得力がある。そして価値情緒説によれば道徳的言明は話者の感情の表現だから、それについて合理的な議論をすることは不可能と思われたが、指令主義が想定するこのような評価的判断については真偽を問えないにしても、ある程度までは合理性を論じられる。このことは規範倫理学の進歩にも資すると思われる。実際『道徳の言語』以後のヘアは、前章二五七頁で紹介したように、「普遍化可能性」という道徳の言語の性質の一解釈から、規範倫理学において功利主義を導き出そうとした――ただしその導出が成功しているかどうかは問題だが。

なお指令主義が道徳的言語だけでなく、美や趣味の領域も含む評価的言語一般にまで適用できるか否かは興味深い問題である。〈美的判断は普遍化可能性を持っているかもしれないが、指令性を持たないという点で道徳的判断と異なる〉と考える倫理学者がいる。この立場の極端なものでは、美的判断は結局のところ個々人の好き嫌いの問題で、「蓼喰う虫も好き好き」だから是非を問えない、ということになる。しかしこの主張に反対する人も、美学者や芸術の評論家などには多いだろう。〈美的判断にもある程度の客観性がある。そして人間なら誰しも正しい美的判断力を持つべきだ〉と考える人ならば、美的判断の言明にも指令性を認めるだろう。"taste"を「趣味」というより「審美眼」と理解する、この立場からすれば、美的判断も広い意味で道徳的判断の一種ということになる。ただし美や崇高性などの芸術的価値に関する言明は、善悪や〈それ以上に〉正不正の判断と違って、議論の結論に至らなければならない実践上の必要性が普通は乏しい――つまり、各人が自分の判断に従っていればよい――から、道徳的言明に比べて指令性が表面化しにくいのである。

3　一九七〇年代以降の新潮流

一九七〇年代までのメタ倫理学界は以上のように自然主義・直観主義・非認知主義に大別され、中でもヘア流の非認知主義が有力だった。ところが一九七一年にロールズの『正義論』が出版されると、倫理学の著作の多くは規範倫理の分野に集中して、メタ倫理学への関心はしばらく衰えた。そのことの原因としては次のものがあっただろう。第一に、ロールズは実際に正義の一理論を提出して、学問的な規範倫理の可能性を示した。第二にロールズの「反射的均衡」（本書二六二頁参照）という方法は、道徳につきまとう〈意見の不一致〉という問題を解決してくれる――だからもはやメタ倫理学の問題にかかずらう必要はない――と思われた。

だが第一の原因はともかくとして、第二の原因はメタ倫理学を閑却する理由にならない。なぜならロールズの「反射的均衡」の方法は、トップダウンだけでもボトムアップだけでもなしに、ある規範理論内部の命題や判断の間の全体的整合性を重視する「整合説 coherentism」の一種と理解できるが、この説は、それぞれに整合的だが互いに衝突する諸理論の間でどれを選ぶべきかを語らないからである。おそらく各人が自分にとって一番説得的だと思う理論を選ぶしかないだろうが（この点では整合説は直観主義に接近する）、それでは道徳における意見の不一致や客観性の欠如という問題を解決するものではない。また整合説は、人々の道徳的判断にとって避けることができない――と、価値の多元性を主張する論者は言う――比較不可能な価値の対立を無視する傾向もある。均衡状態に至るために邪魔な直観的判断を無理に抑圧したりしかねないのである。結局のところ、整合性は道徳理論上重要な価値ではあるが、それだけでは問題の解決にならないし、何をおいても追求されるべき目標でもない。

メタ倫理学はその後一時期の停滞を脱して二十世紀終わりから再興をとげた。そしてそれは道徳的判断だけでなく、価値判断や理由づけや正当化など実践的推論一般についての理論になる傾向もある。ともかくメタ倫理学の現状は「多様」の一語に尽き、それまでの「自然主義／直観主義／非認知主義」という三分法ではうまく分類できない立場が多い。だから以下の紹介で、私はその中で自分が強い興味を持っている理論以外には触れないということをお断りする。

具体的に言うと、第一に、現代のメタ倫理学で論じられることの多いデイヴィド・ウィギンズとジョン・マクダウェルの理論は私には難解すぎるので敬遠せざるをえない。

次に最近よく議論される「内在主義」対「外在主義」の対立にも触れない。これは〈道徳的信念は動機づけの力を持つか〉という道徳心理学の問題に関する論争で、「内在主義」はこの問題に肯定的に答え、「外在主義」は否定的に答える。非認知主義者はたいてい内在主義をとるが、認知主義者は外在主義をとる人もいれば内在主義をとる人もいる、と言われる。私自身は〈真正な道徳的信念を持つ人は、それに従った行為をする動機をある程度持つに違いない〉と思うから、強いて言えば内在主義陣営に属するだろうが、これがそれほど大騒ぎするほどの大問題だとは思えない。

なぜなら人間は道徳的信念以外にも自己利益とか意地とか単純な欲望といったさまざまな動機を持っていて、その中で道徳的信念は行動を左右しない弱小「野党」の地位に立つことも多いからである。人が自分の道徳的に最善だと信ずる行為を行わないということはありふれている。それはちょうど、第4章第3節で書いたように、法に対する内的視点をとる私人も常に法に従うとは限らないのと同様である。もし道徳的信念が大部分の人々にとって唯一の、あるいはそこまで行かなくても最強の動機づけの力ならば、内在主義対外在主義の対立は重大な問題だが、実際にはそうではない。内在主義者は道徳が人間行動を動機づける程度を過大評価しているのではないだろうか。

マッキーの「エラー理論」

前世紀末のメタ倫理学復興の一因となったのは、オックスフォードの哲学者ジョン・マッキー（一九一七―八一）が一般読者向けに描いた『倫理学』（一九七七年）の第一章「価値の主観性」である（奇妙なことに、この本はマッキーの死後ようやく熱心に論じられるに至ったようだ）。マッキーはそこで「エラー理論（思い違い理論）」と呼ばれるメタ倫理学説を説いた。それは「客観的価値への信念が通常の道徳的思考や言語に組み込まれているということは認めるが、しかしこの根強い信念は偽りであると主張する」（五九頁）ものである。

ここで注意すべきなのは、マッキーは道徳的言語の性質については客観主義者だが道徳的価値の性質については主観主義者だということである。前節で説明したメタ倫理学の三つの理論は、道徳的性質とはいかなるものかという存在論の問題と道徳的言明の性質という意味論の問題とを区別せず、一緒にして論ずる傾向があった。たとえば直観主義者は〈自然的でないが客観的な道徳的性質というものが存在して、道徳の言語はそれに言及している〉と考えたわけだし、非認識論者は道徳的言明が話者の何らかの態度を表わしていると指摘する際に、暗黙のうちに道徳的性質の主観性を想定する傾向があった——ただしヘアにはそんな意図はなかったようだが。

ところがマッキーは、道徳的価値の存在論の問題と道徳的言語の意味論の問題とをはっきりと区別した。これは重要な進歩である。マッキーによれば、価値の客観性とは、相互主観性でもなければ、ヘアのいう普遍化可能性でもなく、価値が「世界の組織の一部 **part of the fabric of the world**」だということである。現在、「非認知主義」という用語は道徳的言語の意味論に適用され、これに対して道徳的価値が存在論の意味で主観的だとする説は「（道徳的）反実在論 **anti-realism**」と呼ばれることが多い。この用語法によれば、マッキーは認知主義者であると同時に非実在論者だということになる（私は以前、弘文堂の『現代倫理学事典』のマッキーの項目を執筆した時、彼が「非認知主義を主張」したと書いたが、今にして思えば「反実在論」と書くべきだった）。

マッキーが道徳の主観性を主張した論拠は二つある。それは「相対性に基づく議論」と「奇妙さ（特異性）**queerness** に基づく議論」である。

まず「相対性に基づく議論」とは、〈人々の倫理的見解が社会や時代によって大きく異なるという事実は、道徳的価値が客観的ではないということを示唆する〉というものである。もっともこの議論は完璧なものではない。なぜならマッキー自身指摘しているように、道徳のごく一般的な基本原理はあらゆる社会で少なくとも潜在的に認められているようだからである。また自然科学の領域でも人々の見解の間に大きな相違があるが、マッキーもほとんどの人々も、だからといって物理的性質が主観的だとは言わない。その領域における見解の相違は、科学的知識の不足から生ずるものにすぎないと言うだろう。しかしそれなら、道徳的見解の相違についても同じことが言えないだろうか？

マッキー自身も多くの哲学者も、次の「奇妙さに基づく議論」の方がエラー理論にとって一層重要な論拠だと評価している。その議論は、「かりに客観的価値が存在するとしても、それらは、この世界の他のものと全く違った非常に不思議な実体、もしくは特質、もしくは関係だろう」（四三頁）というものだが、残念ながらここでのマッキーの議論はあまり明快でない。マッキーに対して道徳実在論者は〈善悪とか正不正とか義務とかいった性質のどこにも奇妙なところはない〉と答えるかもしれない。だがマッキーの議論の核心は、「想定された客観的価値の形而上学的な奇妙さ――つまり客観的価値は、内在的に行為指針的であり、動機づけるものでなければならないということ――」（六〇頁）を指摘するものと解釈できよう。つまりマッキーの前提しているる経験主義的世界観によれば、そのような規範的性質は物理的性質と違って世界の中に実在するものではない、というのである。それに対して、数とか必然性とか因果関係とか同一性といった概念は、一見したところ経験的性質だけで説明しにくいように見えても、それは可能である、とマッキーは考える。

「奇妙さからの議論」に対しては、少なくとも二つの反論が考えられる。第一は、数や必然性といった数学や論理学上の概念に関する命題も経験的性質だけではどうしても説明しきれない、というものである。数学や論理学の命題は、経験主義者が考えている時間と空間の中に存在する「宇宙」から独立した真理のようだ。道徳実在論者は、それと同様にして「規範的事実 **normative facts**」というものも存在すると主張できる。そう考える（控えめな）実在主義者トマス・スキャンロンは次のように書いている。

「われわれは単純に、正しい仕方でこれらの事柄について考えることによって、規範的な真理や数学的な真理を発見できるように思われる。マッキーの反論に対する満足すべき返答の積極的要素を与えるためには、〈これらが、問題の事柄に関する知識に到達するための方法である〉という主張を説得的にするような仕方で、これらの「考え方」を述べる必要がある。」（**Scanlon**［**2014**］**p.70**）

そしてそのような「正しい仕方」での「考え方」を記述することは可能だ、というのがスキャンロンの見解である。だが私は数学基礎論（メタ数学）について知識を持たないのにこんなことを言うのは僭越だが、数学や論理学の命題の正しさと道徳的あるいは規範的命題の正しさとはやはり性質が違って、後者は人間の感情や反応にかなりの程度まで依存しているように思える。数学の真理は非人格的だが、道徳的命題の妥当さを人間心理から独立に語れるだろうか？　もっとも一部の実在主義者はこの反論に対して〈道徳的命題の妥当さは確かに人々の心理的状態や態度に依存しているが、それにも適切なものとそうでないものがあることを区別できる〉と答えるだろう。このような議論に対する私の疑念は、少し後で色と道徳的性質とのアナロジーに関して述べるから、その部分に譲る。

「奇妙さからの議論」に対する第二の返答は、マッキーの唯物論的・自然主義的世界観は狭すぎる、というものである。世界には物理的事実（とおそらくは心理的事実）しか存在しないわけではない。規範的事実とか価値的事実といったものもわれわれの生の内部ではリアルである――。こう言われるかもしれない。確かに道徳的性質や美的性質などはわれわれにとって無視できないものである。しかしその「リアル」さは「実感がある」という意味であって、「主観から独立に存在する」という意味ではない。そして後者の意味では道徳的性質は実在しないように思われる。

マッキーの道徳的反実在論には他にもさまざまな問題があるだろう。だがそれは少なくとも私を含めて唯物論あるいは自然主義の世界観を持っている現代人の多くにとっては納得できる主張である。ではそれにもかかわらず、なぜ人々は――マッキーが指摘するように――客観的価値があるかのような語りかたをするのだろうか？　この問題に対する回答は、非実在論的メタ倫理学の一理論「投影主義 projectivism」によって与えられる。

投影主義と準実在論

改訂的道徳フィクション主義（これについては後述）をとるリチャード・ジョイスは、「投影主義」と呼ばれるテーゼを次のように四つに定式化した。

1　われわれは（たとえば）道徳的不正を、世界の客観的な特徴として経験する。
2　この経験はその源泉を非・知覚的能力の中に持っている。特に、われわれはある行為や性質（など）を見ると、1で述べた経験をもたらす感情の態度（たとえば不是認の感情）を持つ。
3　実際には、道徳的不正は世界の中には存在しない。
4　われわれが「Xは道徳的に不正だ」という形の言明を発するとき、われわれは世界を誤って記述している。われわれは間違っているのである。（Olson［2014］p.4からの孫引き）

「投影主義者」と言われる人々がこの四つの主張すべてに賛成するとは限らない。特に3あるいは4の主張までは取らない人もいる。だが典型的な投影主義者はそうするだろう。つまり善悪とか正不正といった道徳的性質は世界の中に客観的に存在するのではなく、事実に対するわれわれの反応に依存するものだが、われわれはその性質があたかも対象に客観的に備わっているかのように投影している、というのである。

エラー理論は実際にこの四つの主張すべてに賛成するから、それは投影主義の一種と言える。しかし投影主義からは、もっと実在論的なメタ倫理学説に至る道もある。なぜなら〈投影の中には妥当なものとそうでないものがある。それゆえ道徳的言明も客観性を持ちうる〉と主張することもできるからである。

色というものを考えてみよう。物の見え方は対象の物理的性質だけでなくわれわれの視覚に依存しているから、色は対象に投影された「二次的性質」である。しかしだからといって、〈赤とか青といった色は主観的性質にすぎない〉と主張する人はまずいない。なぜなら正常な色覚というものがあって、それを共有している人々の判断が正しく、たとえば赤と緑を区別できない人の判断は間違っている、と考えられているからである。道徳的判断もこれと同じである。正常な道徳感覚を備えた人なら誰でも、〈他の人々を苦しませることを楽しみとして苦痛を与えることは不正だ〉という判断に同意するだろう。赤さという性質が客観的な性質ならば、不正という性質も客観的である。かくして自然的な性質について適切な道徳的態度・反応を行う判断は客観的に正しいと言える——。

色とのアナロジーに訴えかける議論は「反応依存説 response-dependent theories」と呼ばれるタイプの道徳実在論がよく使う論法だが、それによらずとも投影説をとりながら〈正しい評価的態度というものがある〉とする見解は、道徳に関する「準実在論 quasi-realism」と呼ばれる。その代表的論者サイモン・ブラックバーンは、単独で執筆した（！）『オックスフォード哲学辞典』

（第二版、二〇〇五年）の「準実在論」の項目で、「われわれが道徳的見解を推進し議論する際の、実在論的に響くディスコースを説明し、正統性ある意味を与えうる、投影主義的な道徳の説明」と定義して、準実在論がエラー理論と反対に、投影主義的な道徳言語を擁護する立場だということを強調している。準実在論はその名称自体からもわかるように、実在論と反実在論のどちらとも言えず、両者のいいとこ取りをしたような思想である（実際、今日のメタ倫理学の世界では実在論とも非実在論ともつかないような説が多い。それだけ半世紀前よりも非実在論者が実在論に歩み寄っていると言える）。しかし私はこの説には納得できないところがある。異なった評価的態度の間でどちらが正しいかを決めることは多くの場合不可能だと思うからである。

また色と道徳的性質のアナロジーは巧妙だが、両者の間には無視できない相違がある。色の判断は人類を通じて生理的に規定されており、歴史や社会によって変わらない。青と緑を同じ単語で表現するなど、現代日本語とはかなり違った語彙を持つ言語も存在するが、そのような言語使用者も緑と青を区別できるだろう。ところがマッキーが「相対性に基づく議論」で強調したように、道徳や美の判断は大幅に異なる。確かに極端な例をあげれば大部分の人々が同意する道徳的命題はあるだろう。ここから実在論者や準実在論者は、事実に対する道徳的に適切な反応というものがあると考えるのだが、宗教的狂信者の存在を考えると、彼らは楽観的にすぎるという感を禁じ得ない。またブラックバーン自身は道徳的判断の正しさについてロールズを想起させる全体論的な見解を持っているが、それも本節の最初に指摘した整合説の難点を免れない。

エラー理論から道徳フィクション主義へ

私は結局マッキーのエラー理論に大体納得している。少なくとも、私にとってそれ以上説得力を持つメタ倫理学の理論はない。ではこの立場は日常的な道徳的ディスコースに対していかなる実践上の含意を持つだろうか?

四つの選択肢が考えられる。第一は、〈道徳の言語は体系的に間違った主張をしているのだから、それを捨てるべきだ〉と主張する「道徳廃止論 moral abolitionism」である。第二は、〈日常的な道徳の言語は間違っているが、非実在論者もリアルな道徳的性質の存在を信じているかのように振舞いながら、指令とか是認といった態度を表現するために道徳的言語を使用すべきだ〉と主張する「改訂的道徳フィクション主義 revisionary moral fictionalism」である。この立場はわれわれ自身の道徳的言明に対する態度の変更を提唱する。なおこれは「革命的 revolutionary 道徳フィクション主義」と呼ばれることもあるが、私は後述のようにそれほど根本的な語り方の変化が必要だとは思わないので、「改訂的」という表現を選ぶ。第三は、〈道徳的言明を表面通りに客観的な道徳的性質に関する主張と解するのは間違いだ。実際には人々は道徳的言明によって、ちょうど人々がシャーロック・ホームズやサザエさん一家について語るのと同様、フィクションについて語っているのだ〉と主張する「解釈的道徳フィクション主義 hermeneutic moral fictionalism」である。そして最後の主張は、〈エラー理論は正しいが、そのことはわれわれが日常の道徳言語を捨てたり改訂したりすべきだということを意味するわけではない。日常の道徳言語は十分役に立っているのだから、これまでと同様にそれを使い続ければよい〉という「道徳保存主義 **moral conservationism**」である（この分類と用語法は Olson [2014] ch. 9による。オルソン自身は最後の説をとる）。

第一の道徳廃止論には賛同者が少ないが、それは自然なことである。廃止論者が指摘するように、確かに道徳の言語は多くの偽善や欺瞞の温床となってきた。しかしそれは人間生活を住みやすくするためにも役に立ってきた。道徳的思考を一切合財捨てようとすることは、たらいの水と一緒に赤子まで流してしまうようなものである。何よりも、道徳的言語は人類にほとんど普遍的な現象で、それがない社会を考えることも難しい。

しかし最後の道徳保存主義の立場は必要以上に保守的だと思われる。日常道徳の言語が大体において実在論的だということは事実だろう。だから道徳実在論者ならばそれをそのまま使い続けることに問題がないが、非実在主義者がそれを無反省に使い続けるのは知的誠実に反する。それはあたかも無神論者が宗教的な道徳を説くようなものである。また道徳的問題に客観的な真理があるに違いないという想定は、必要もない場合にまで道徳問題に無理やり決着をつけようとする態度に至りやすい。

道徳保存主義者は、マッキー自身がその著書『倫理学』の第一部第一章で大胆にエラー理論を提唱しながらも、規範倫理学に属する第二部と第三部では日常的な道徳の言語を用いているという事実に訴えかけることがある。しかしマッキーもそこで無自覚に日常的言語を用いたわけではない。『倫理学』の第五章で言うように、彼は「道徳とは発見されなければならないものではなく、作られなければならないものだ」（一五四頁）という前提に立って、あるべき道徳を提唱した。その際に彼が一見実在論的な道徳の言語を用いていても、実際には彼が自覚的に指図を行っていることは、よほど不注意な読者以外には明らかだった。だからむしろマッキーは暗黙のうちに改訂的道徳フィクション主義を実践していたと解釈する方が適当である。

ではいずれかの道徳フィクション主義をとるべきだろうか？　まず解釈的道徳フィクション主義は、現実の道徳的言説の解釈としては説得力に欠ける。今あげた『倫理学』のマッキーのような有力な例外はあるが、政治や社会道徳の領域で真剣に道徳的主張を行っている人は、自分の主張がフィクションについて語っているとは思っていないだろう。地動説を信じている現代人も「太陽が東から昇る」という便利な表現を使い続けているが、道徳的な表現はそれほど自覚されたフィクションではない。多くの人々は、客観的な道徳があると信ずるふりをしているのではなく、実際にそう信じているのではないだろうか。

残るのは改訂的道徳フィクション主義である。この立場はエラー理論を取りながら規範倫理の領域で何らかの主張を行おうとする論者がとるべき自然な立場である。これに対しては、道徳保存主義の立場から〈わざわざ現在の道徳の語り方を改訂しなくても何の問題もない〉という反論がある。しかし反実在論を前提とした非認知主義的な道徳の言語を採用することには理由がある。

道徳保存主義への批判の中で述べたように、それはあらゆる道徳的問題について無理に意見の一致を求めない。看板倒れの客観性を主張したりもしない。法的議論でも道徳的議論でも、そこで求められているのは客観的な真理というよりは間主観的な説得と納得である。ただしそれでも公権的に道徳問題に結論を出さなければならない場合もあるが、非実在論者は道徳問題への結論が必ずしも合理的な人々のすべてを納得させられるとは限らないということを率直に認められる。

もっとも改訂的道徳フィクション主義が他の選択肢と比べてどの程度有益かという問題は一概には決められない。それは、①当該の社会がどれだけ実在論的な語り方と反実在論的な語り方を受け入れやすいかと、②日常的な道徳の言語を改訂する非実在論的な道徳の言語が実際にどのようなもので、どのような点で改善と言えるのかにかかっている。

このうち①の問題は哲学者が直接変えられるものではない。だが現代社会は、しばしばマッキンタイアのような反近代主義のコミュニタリアンが嘆くように、客観的価値の存在への信念が弱まっているから、このことは改訂的道徳フィクション主義の採用を容易にしている。道徳フィクション主義の批判者はその見込みについて悲観的すぎるようだ。次のような架空の例を考えてみよう。神の命令を至高の義務とする道徳の言語を使っている人々の間に、〈道徳は社会に欠かせないが、道徳に宗教的信仰の裏付けは無用だ、いやむしろ有害だ〉と信ずる無神論者たちが登場して世俗的な道徳を説き始め、その宗教への信仰を持たなくなった人々を中心に影響力を持ったとする。この場合両者の道徳の言語の意味は異なるが、両者の命ずるところは大体同じかもしれない。共に他の人々に対する慈愛や親孝行の義務を説き、不摂生を戒め寡欲を勧めるかもしれない。両者間の相違は宗教的儀式や宗教的寛容に関わるものにとどまるだろう。それと同様に、認知主義の道徳の言語が支配的な社会から、たとえば指令主義の道徳の言語が使われる社会に変わっても、実質的な道徳の内容は大幅には変わらないだろう。

そして②について、哲学者は大きな貢献をなしうる。非認知主義は道徳の言語に関する記述理論としては無理があったが、それを理性化し冷静に議論をさせるために役に立つだろう。道徳は存在論上の余計な想定なしで済むのである。

4　実践的議論はいかにあるべきか

以上の改訂的道徳フィクション主義の提唱は抽象的すぎたきらいがある。そこでその例証として、私が行った一つの道徳的議論を考えてみよう。以下に述べる方法が「改訂的道徳フィクション主義者」と呼ばれる人々の想定する改革の方法とぴったり一致するかどうかは私にもわからない。だがともかくこれが、メタ倫理学でエラー理論をとる一方でいくつもの自覚的な規範倫理的主張を行う私が提唱したい――そして望むらくは、無意識のうちに実践してきた――ものである。

私は最近〈現在の日本の移民政策は制約的すぎる。もっと移民を受け入れるべきだ〉と主張した。だが私のこの主張は、〈客観的な道徳的基準に照らすと日本の移民政策が閉鎖的すぎる〉という道徳実在論ではなく、〈日本の移民政策をもっと開放的なものにせよ〉という提案・指令のつもりである。そして私はその提案の理由をいくつもあげたが、その中で一番重視したのは、〈移民は移動の自由という人権に含まれる〉というものだった。

人権を持ち出す議論に対してマッキンタイアなど一部のコミュニタリアンは〈人権という観念は近代世界の一部でしか認められていない。それは一角獣と同じようなフィクションにすぎない〉と反論するが、私が「人権」という言葉で意味しているものは、国際法や国内法で認められている実定法上の権利という社会的制度である以上に、何よりもまず道徳的権利である。そして「移動の自由」という道徳的権利は、一角獣のように物理的な存在者として理解されるが実際には世界に（物語の中でしか）存在しないものではなくて、〈誰の移動の自由をも（十分な理由がなければ）制約するな〉という普遍主義的指令の表現として理解されるべきである。そしてさらにこの指令の根拠を問われるならば、〈あなたも含めて誰もが自分の身体を自由に利用したいだろう〉とか〈移動の自由は多くの人々にとって重要な目的を実現するために不可欠だ〉とか〈この自由を認めた方がそうでない場合よりも大部分の人々の暮らし向きが向上するだろう〉といった理由をあげることができる。

以上の主張を行う際に私は確かに道徳実在論的に響く日常的な用語法を用いるが、それは非実在論の前提をとっても言い替えることができた。また私としてはそのように解釈してもらいたい。

それはなぜかというと、すでに述べたように私は大部分の道徳的問題について、たとえば数学や自然科学の問題のように理性ある人なら誰しも賛成するような結論があるとは思わないので、道徳実在論者ほど客観性を想定しないからである。

道徳をはじめとする実践的な議論で求められているのは、自然科学や数学の場合のような客観的論証というよりも、さまざまな価値判断を現に持っている人々に対する説得である。それは特に、議論への現実的あるいは可能的な参加者の同意が理想として求められる法的議論において言える。法的議論でなぜ同意が求められる程度が大きいのかというと、それは公的権力の強制を正当化する議論だからである。ドゥオーキンが〈法の目的は公的権力の行使を正当化することにある〉と言ったのは、法の目的についての一面的すぎる見解だったが、法的議論を道徳的議論など他の種類の道徳的議論から分かつ主たる特徴の一つがそれであることは疑えない。

論証と説得の主たる相違は次の点にある。第一に、論証は成功しているか否かが普通はっきりしたものだが、説得の成功は程度の問題である。一方の議論の方が他方の議論よりも説得力が強いから前者を採用する——後者にも一分の理はあるが——ということは、実践的議論では日常茶飯である。実際には実践的議論でも当事者は自分の主張の方が一〇〇パーセント正しいと主張しがちだが、それは議論に勝つためのハッタリにすぎないことが多い。

第二に、論証は一人の論者が一方的な講演のように行うが、説得は複数の当事者の間の相互関係を想定しているということである。典型的には、説得は具体的な対等な当事者の対話や討議の中で目指されているものである。そこでは合理的対話のための公正な手続が必要になる。法的議論の場の典型である裁判では、実際その手続が訴訟法によって詳細に定められている。

解釈的道徳フィクション主義によれば、人々はこれらの実践的議論において客観的真理を求めるかのような語り方をしながらも、相手の説得を目的とする言語行為――正当化、弁明、非難、依頼など――を自覚的に行っている、ということになるだろう。また改訂的道徳フィクション主義によれば、人々（の多く）はこのような議論でも客観的真理の存在を本気で信じて議論をしているのだが、むしろ信じているような態度をとるだけの方がよい、ということになる。

最後に私は、実践的議論においては、まず何らかの直観が出発点になければそもそも議論ができないということを指摘したい。メタ倫理学の直観主義はそのままの形では欠陥があったが、価値判断における還元不可能な直観の重要性を指摘した点は正しかった。だからといって私は道徳的直観とそれに基づく議論をすべて尊重すべきだと言っているわけではない。直観が口先だけでない真摯なものであるというだけでなく、議論が〈複数の主張の間に矛盾がない〉とか〈誤った事実認識に基づいていない〉とか〈普遍化したり具体化したりすると論者自身が賛成できない帰結に至る〉といった不合理性を免れていることは、最小限要求できる。またそれらの主張を無理やり単純な体系に一元化する必要はないが、アドホックに加えられた人工的な部分――天動説天文学における「小円 **epicycle**」のようなもの――を持たない方が、単純明快だという点でよい理論だろう。だから私がときおり規範道徳の領域で多くの人々の日常的な道徳的直観に反する主張を行うとしても、私は〈それらの直観は合理的に反省すれば社会的な尊重に値しないものだ〉と暗黙のうちに言っているのである。

文献解題

1節の始めに引用したのは、

・Smith, Michael [1994] *The Moral Problem*, Blackwell.（樫則章監訳『道徳の中心問題』ナカニシヤ出版、二〇〇六年）

の四―五頁である。

メタ倫理学について日本語で読めるアップトゥデイトな概観は残念ながら存在しないようだ。簡潔なものとしては、

・**伊勢田哲治 [2008]『動物からの倫理学入門』名古屋大学出版会**

の第二章、特に二―四が便利である。この分野の現状に関する私の知識は、今あげた二冊の本以外、大部分

・Miller, Alexander [2013] *Contemporary Metaethics: An Introduction*, 2nd ed., Polity Press.

・LaFollette, Hugh (ed.) [2013] *The International Encyclopedia of Ethics*, 9 vols., Wiley-Blackwell.

・Scanlon, T. M. [2014] *Being Realistic about Reasons*, Oxford University Press.

に基づく。

碧海の『新版法哲学概論』の一九七三年に出た「全訂第一版」の第八章「正義論の基礎――メタ倫理の諸問題」はそれまでの版から分量が倍増し、法哲学の本としては、いやそんな限定抜きでも日本語の書物として、異例なほど詳しくメタ倫理学を取り扱ったので当時大変有益だったが、惜しいことにこの章はその後の版で加筆も改訂もされなかった。私は学生時代、この本とそこに紹介されていた

・Moore, G. E. [1903] *Principia Ethica*, Cambridge University Press.（深谷昭三訳『倫理学原理』三和書房、一九七三年）

を原書で読み（その時は翻訳が出ているとは知らなかった）、それまでは大部分説教か個人的人生観の発露か政治的プロパガンダにすぎないように感じていた倫理学が、実は冷静で厳密な議論をなしうるのだということを知って倫理学に関心を持つようになった。しかし現代メタ倫理学の出発点となった『倫理学原理』に対する高い評価は、倫理学研究者の誰もが共有するものではないようだ。

・清水幾太郎［2000］『倫理学ノート』講談社学術文庫（原書一九七二年）

は冒頭で『倫理学原理』を「よほど特殊な条件の下でなければ、気持ちよく通読するようなことが出来ないような、況《ま》して、昂奮や感動に誘い込まれることなど考えられぬような書物である」（二三頁）と酷評しているが、この本を倫理学の古典たらしめた「自然主義的誤謬」の議論には一言た

りとも触れない。清水は『倫理学原理』自体を批判するよりも、むしろこの本が生まれた土壌であるブルームズベリ・グループの高踏的知識人の社会に激しい怒りをぶつけているが、こんな批評が許されるなら、同じようにしてE・M・フォースターやヴァージニア・ウルフの文学も簡単に批判できるだろう。多くの点で私とは正反対の反応である。

本文にあげたメタ倫理学の書物で日本語で読めるのは、

・Ayer, A. J. [1936] *Language, Truth, and Logic.*（吉田夏彦訳『言語・真理・論理』岩波書店、一九五五年）

・Hare, R. M. [1952] *The Language of Morals.*（小泉仰＝大久保正健訳『道徳の言語』勁草書房、一九八二年）

である。

一九七〇年代後半からのメタ倫理学は、

・Mackie, J. L. [1977] *Ethics: Inventing Right and Wrong*, Penguin Books.（加藤尚武監訳『倫理学　道徳を創造する』哲書房、一九九〇年）

が提起した「エラー理論」（邦訳では「思い違い理論」）抜きには語れない。しかしこの本はそれ以外にもメタ倫理学・規範倫理学の両分野にわたってたくさんの重要な議論を行っている。私は倫理学のある程度進んだ概説として本書以上のものをいまだに知らない。

・伊藤克彦［2009］「価値判断の主体・対象相互依存モデル」『一橋法学』第八巻第二号

はエラー理論と投影主義、二次的性質論の検討を含んでいる。

エラー理論と道徳フィクション主義に関する近年の研究として参考になったのは、

・Joyce, Richard and Simon Kirchin (eds.) [2010] *A World Without Values: Essays on John Mackie's Moral Error Theory*, Springer.
・Olson, Jonas [2014] *Moral Error Theory*, Oxford University Press.
・Kalderon, Mark Eli [2005] *Moral Fictionalism*, Oxford University Press.

の三冊である。これらの本の著者・寄稿者のうち、道徳廃止論者としてはRichard Garner、改訂的道徳フィクション主義者としてはJoyce、解釈的道徳フィクション主義者としてはKalderon、道徳保存主義者としてはOlsonの名があげられる。しかし一冊目の論文集に収録されたSimon Kirchinの論文"A Tension in the Moral Theory"は、日常的な道徳的ディスコースはエラー論者が言うほど実在論にコミットしているとは限らず、もっと非認識説的に理解した方がよい場合もあるとして、エラー理論の認識説の側面に疑問を呈している。この疑念が正当だとすると、道徳フィクション主義と道徳保存主義との間の相違は漠然としたものになるだろう。

・森村進 [2014]「移民の規制は正当化できるか?」宇佐美誠(編)『グローバルな正義』勁草書房

において、私は移民規制の原則的な撤廃を主張した。規範倫理学の方法に関する私のメタ倫理学上の考えは

・森村進 [2013]『リバタリアンはこう考える——法哲学論集』信山社

の一〇六—一一〇頁で述べたことがある。本文の議論は、最近知った「改訂的道徳フィクション主義」と結びつけてさらに一般化したものである。

実践的議論が持つべき「対話的合理性」については、田中成明の『現代法理学』の第11章第3・4節、第15章第2節、第16章第3節を見よ。

あとがき

本書をこれまで投げ出さず最後まで読んでいただいた読者に感謝します。その結果法哲学に関心を持ってもらえたでしょうか？　みなさんの大部分が本書のすべてではなくてもかなりの部分を興味深く読めたのではないか、と私は楽観的に希望します。

ロナルド・ドゥオーキンは『裁判の正義』に収録された「ハートの補遺と政治哲学の要点」という論文の最後で、彼とオックスフォード大学法理学教授ジョン・ガードナーとの間にあったという会話を報告しています。

「私は、法哲学は興味深いものであるべきだと考えていると言った。彼はそれに飛びついた。「わからないのですか？」と彼は答えた。「それがあなたの問題なのです。」私は彼の非難に値する。」（原書一八五頁）

法哲学が興味深い＝面白い（interesting）ものであるべきだと信ずる点では、私もドゥオーキンと同じです。しかし私は法哲学の興味がどこにあるかについて彼と考え方が違います。ドゥオーキンが考える興味深い法哲学というのは、要するに裁判官が正しい判決をするのを助ける法哲学のことで、彼は自分の法哲学がその意味でハートの法哲学よりも興味深いと自負しています。しかし本書の第4章と第5章を読んだ読者はもうお気づきでしょうが、私にとってはドゥオーキンよりハートの法哲学の方が興味深いものです。その原因は私の関心が具体的な法解釈よりも法の一般的な特色にあるという事実にあります。

私は法哲学の興味深さに関するこの対立する見方の片方だけが正しいと言うつもりはありません。どちらの見方も間違っていないでしょう――私はこの点でも「正答テーゼ」に与しません。しかしいずれの見方をとるにせよ、あるいはそれ以外のテーマに興味をひかれるにせよ、知的な関心を持つ人たちにとって法哲学が興味深い学問であることを疑いません。私は一人でも多くの読者が本書を手掛かりにして法哲学をさらに広く深く学んでいくことを望んでいます。本書がその役に立てば、著者としての喜びこれに過ぎるものはありません。

事項索引

各章末の「文献解題」の部分は除く

人名索引

各章末の「文献解題」の部分は除く

森村 進 もりむら・すすむ

一九五五年東京生まれ。一九七八年東京大学法学部卒業。現在、一橋大学大学院法学研究科特任教授。法学博士。日本法哲学会理事長。専攻は法哲学。主な著書に『権利と人格』（創文社）、『財産権の理論』（弘文堂）、『ロック所有論の再生』（有斐閣）、『自由はどこまで可能か』（講談社現代新書）、『リバタリアンはこう考える』（信山社）、『幸福とは何か』（ちくまプリマー新書）。訳書にジョナサン・ウルフ『ノージック』（共訳）、デレク・パーフィット『理由と人格』（ともに勁草書房）、ロナルド・ドゥオーキン『原理の問題』（共訳、岩波書店）、『神なき宗教』（筑摩書房）、イリヤ・ソミン『民主主義と政治的無知』（信山社）など。

筑摩選書 0109

法哲学講義《ほうてつがくこうぎ》

二〇一五年二月一五日　初版第一刷発行
二〇一九年八月一〇日　初版第三刷発行

著　者　森村進《もりむらすすむ》

発行者　喜入冬子

発　行　株式会社筑摩書房
東京都台東区蔵前二-五-三　郵便番号 一一一-八七五五
電話番号　〇三-五六八七-二六〇一（代表）

装幀者　神田昇和

印刷 製本　中央精版印刷株式会社

 ISBN978-4-480-01615-7 C0332

筑摩選書
0001

武道的思考

内田 樹

武道は学ぶ人を深い困惑のうちに叩きこむ。あらゆる術は「謎」をはらむがゆえに生産的なのである。今こそわれわれが武道に参照すべき「よく生きる」ためのヒント。

筑摩選書
0002

江戸絵画の不都合な真実

狩野博幸

近世絵画にはまだまだ謎が潜んでいる。若冲、芦雪、写楽など、作品を虚心に見つめ、文献資料を丹念に読み解くことで、これまで見逃されてきた〝真実〟を掘り起こす。

筑摩選書
0003

荘子と遊ぶ
禅的思考の源流へ

玄侑宗久

『荘子』はすこぶる面白い。読んでいると「常識」という桎梏から解放される。それは「心の自由」のための哲学だ。魅力的な言語世界を味わいながら、現代的な解釈を試みる。

筑摩選書
0004

現代文学論争

小谷野 敦

かつて「論争」がジャーナリズムの華だった時代があった。本書は、臼井吉見『近代文学論争』の後を受け、主として七〇年以降の論争を取り上げ、どう戦われたか詳説する。

筑摩選書
0005

不均衡進化論

古澤 滿

DNAが自己複製する際に見せる奇妙な不均衡。そこから生物進化の驚くべきしくみが見えてきた！ カンブリア爆発の謎から進化加速の可能性にまで迫る新理論。

筑摩選書
0006

我的日本語
The World in Japanese

リービ英雄

日本語を一行でも書けば、誰もがその歴史を体現する。異言語との往還からみえる日本語の本質とは。日本語を母語とせずに日本語で創作を続ける著者の自伝的日本語論。

筑摩選書 0007

日本人の信仰心

前田英樹

日本人は無宗教だと言われる。だが、列島の文化・民俗には古来、純粋で普遍的な信仰の命が見てとれる。大和心の古層を掘りおこし、「日本」を根底からとらえなおす。

筑摩選書 0008

視覚はよみがえる
三次元のクオリア

S・バリー
宇丹貴代実 訳

回復しないとされた立体視力が四八歳で奇跡的に戻った時、風景も音楽も思考も三次元で現れた――。神経生物学者が自身の体験をもとに、脳の神秘と視覚の真実に迫る。

筑摩選書 0010

経済学的思考のすすめ

岩田規久男

世の中には、「将来日本は破産する」といったインチキ経済論がまかり通っている。ホンモノの経済学の思考法を用いてさまざまな実例をあげ、トンデモ本を駆逐する！

筑摩選書 0011

現代思想の
コミュニケーション的転回

高田明典

現代思想は「四つの転回」でわかる！「モノ」から「コミュニケーション」へ、「わたし」から「みんな」へと至った現代思想の達成と使い方を提示する。

筑摩選書 0012

フルトヴェングラー

奥波一秀

二十世紀を代表する巨匠、フルトヴェングラー。変動してゆく政治の相や同時代の人物たちとの関係を通し、音楽家の再定位と思想の再解釈に挑んだ著者渾身の作品。

筑摩選書 0013

甲骨文字小字典

落合淳思

漢字の源流「甲骨文字」のうち、現代日本語の基礎となっている教育漢字中の三百余字を収録。最新の研究でその成り立ちと意味の古層を探る。漢字文化を愛する人の必携書。

筑摩選書 0014

瞬間を生きる哲学
〈今ここ〉に佇む技法

古東哲明

私たちは、いつも先のことばかり考えて生きている。だが、本当に大切なのは、今この瞬間の充溢なのではないだろうか。刹那に存在のかがやきを見出す哲学。

筑摩選書 0017

思想は裁けるか
弁護士・海野《うんの》普吉《しんきち》伝

入江曜子

治安維持法下、河合栄治郎、尾崎行雄、津田左右吉など思想弾圧が学者やリベラリストにまで及んだ時代、その弁護に孤軍奮闘した海野普吉。冤罪を憎んだその生涯とは?

筑摩選書 0020

利他的な遺伝子
ヒトにモラルはあるか

柳澤嘉一郎

遺伝子は本当に「利己的」なのか。他人のために生命さえ投げ出すような利他的な行動や感情は、なぜ生まれるのか。ヒトという生きものの本質に迫る進化エッセイ。

筑摩選書 0028

日米「核密約」の全貌

太田昌克

日米核密約……。長らくその真相は闇に包まれてきた。それはなぜ、いかにして取り結ばれたのか。日米双方の関係者百人以上に取材し、その全貌を明らかにする。

筑摩選書 0030

公共哲学からの応答
3・11の衝撃の後で

山脇直司

3・11の出来事は、善き公正な社会を追求する公共哲学という学問にも様々な問いを突きつけることとなった。その問題群に応えながら、今後の議論への途を開く。

筑摩選書 0031

日本の伏流
時評に歴史と文化を刻む

伊東光晴

通貨危機、政権交代、大震災・原発事故を経ても、日本は変わらない。現在の閉塞状況は、いつ、いかにして始まったのか。変動著しい時代の深層を経済学の泰斗が斬る!

筑摩選書
0035

生老病死の図像学
仏教説話画を読む

加須屋誠

仏教の教理を絵で伝える説話画をイコノロジーの手法で読み解くと、中世日本人の死生観が浮かび上がる。生活史・民俗史をも視野に入れた日本美術史の画期的論考。

筑摩選書
0036

伊勢神宮と古代王権
神宮・斎宮・天皇がおりなした六百年

榎村寛之

神宮をめぐり、交錯する天皇家と地域勢力の野望。王権は何を夢見、神宮は何を期待したのか？　王権の変遷に翻弄され変容していった伊勢神宮という存在の謎に迫る。

筑摩選書
0037

主体性は教えられるか

岩田健太郎

主体的でないと言われる日本人。それはなぜか。この国の学校教育が主体性を涵養するようにはできていないのではないか。医学教育をケーススタディとして考える。

筑摩選書
0038

救いとは何か

森岡正博
山折哲雄

この時代の生と死について、救いについて、人間の幸福について、信仰をもつ宗教学者と、宗教をもたない哲学者が鋭く言葉を交わした、比類なき思考の記録。

筑摩選書
0040

100のモノが語る世界の歴史1
文明の誕生

N・マクレガー
東郷えりか 訳

大英博物館が所蔵する古今東西の名品を精選。遺されたモノに刻まれた人類の記憶を読み解き、今日までの文明の歩みを辿る。新たな世界史へ挑む壮大なプロジェクト。

筑摩選書
0041

100のモノが語る世界の歴史2
帝国の興亡

N・マクレガー
東郷えりか 訳

紀元前後、人類は帝国の時代を迎える。多くの文明が姿を消し、遺された物だけが声なき者らの声を伝える――。大英博物館とBBCによる世界史プロジェクト第2巻。

筑摩選書 0042

100のモノが語る世界の歴史3
近代への道

N・マクレガー
東郷えりか 訳

すべての大陸が出会い、発展と数々の悲劇の末にわれわれ人類がたどりついた「近代」とは何だったのか――。大英博物館とBBCによる世界史プロジェクト完結篇。

筑摩選書 0043

悪の哲学 中国哲学の想像力

中島隆博

孔子や孟子、荘子など中国の思想家たちは「悪」について、どのように考えてきたのか。現代にも通じるこの問題と格闘した先人の思考を、斬新な視座から読み解く。

筑摩選書 0044

さまよえる自己
ポストモダンの精神病理

内海健

「自己」が最も輝いていた近代が終焉した今、時代を映す精神の病態とはなにか。臨床を起点に心や意識の起源に遡り、主体を喪失した現代の病理性を解明する。

筑摩選書 0049

身体の時間
〈今〉を生きるための精神病理学

野間俊一

加速する現代社会、時間は細切れになって希薄化し、心身に負荷をかける。新型うつや発達障害、解離などの臨床例を検証、生命性を回復するための叡智を探りだす。

筑摩選書 0050

敗戦と戦後のあいだで
遅れて帰りし者たち

五十嵐惠邦

戦争体験をかかえて戦後を生きるとはどういうことか。五味川純平、石原吉郎、横井庄一、小野田寛郎、中村輝夫……。彼らの足跡から戦後日本社会の条件を考察する。

筑摩選書 0051

フランス革命の志士たち
革命家とは何者か

安達正勝

理想主義者、日和見、煽動者、実務家、英雄――真に世界を変えるのはどんな人物か。フランス革命の志士の生き様から、混迷と変革の時代をいかに生きるかを考える。

筑摩選書 0052

ノーベル経済学賞の40年（上）
20世紀経済思想史入門

T・カリアー
小坂恵理 訳

ミクロにマクロ、ゲーム理論に行動経済学。多彩な受賞者の業績と人柄から、今日のわれわれが直面している問題が見えてくる。経済思想を一望できる格好の入門書。

筑摩選書 0053

ノーベル経済学賞の40年（下）
20世紀経済思想史入門

T・カリアー
小坂恵理 訳

経済学は科学か。彼らは何を発見し、社会にどんな功績を果たしたのか。経済学賞の歴史をたどり、経済学と人類の未来を考える。経済の本質をつかむための必読書。

筑摩選書 0054

世界正義論

井上達夫

超大国による「正義」の濫用、世界的な規模で広がりゆく貧富の格差……。こうした中にあって「グローバルな正義」の可能性を原理的に追究する政治哲学の書。

筑摩選書 0055

「加藤周一」という生き方

鷲巣力

鋭い美意識と明晰さを備えた加藤さんは、自らの仕事と人生をどのように措定していったのだろうか。没後に遺された資料も用いて、その「詩と真実」を浮き彫りにする。

筑摩選書 0056

哲学で何をするのか
文化と私の「現実」から

貫成人

哲学は、現実をとらえるための最高の道具である。私たちが一見自明に思っている「文化」のあり方、「私」の存在を徹底して問い直す。新しいタイプの哲学入門。

筑摩選書 0057

デモのメディア論
社会運動社会のゆくえ

伊藤昌亮

アラブの春、ウォール街占拠、反原発デモ……いま世界中で沸騰するデモの深層に何があるのか。ソーシャルメディア時代の新しい社会運動の意味と可能性に迫る。

筑摩選書
0060

近代という教養
文学が背負った課題

石原千秋

日本の文学にとって近代とは何だったのか？　文学が背負わされた重い課題を捉えなおし、現在にも生きる「教養」の源泉を、時代との格闘の跡にたどる。

筑摩選書
0062

中国の強国構想
日清戦争後から現代まで

劉傑

日清戦争の敗北とともに湧き起こった中国の強国化への意志。鍵となる考え方を読み解きながら、その国家構想の変遷を追い、中国問題の根底にある論理をあぶり出す。

筑摩選書
0063

戦争学原論

石津朋之

人類の歴史と共にある戦争。この社会的事象を捉えるにはどのようなアプローチを取ればよいのか。タブーを超え、日本における「戦争学」の誕生をもたらす試論の登場。

筑摩選書
0065

プライドの社会学
自己をデザインする夢

奥井智之

我々が抱く「プライド」とは、すぐれて社会的な事象なのではないか。「理想の自己」をデザインするとは何を意味するのか。10の主題を通して迫る。

筑摩選書
0067

ヨーロッパ文明の正体
何が資本主義を駆動させたか

下田淳

なぜヨーロッパが資本主義システムを駆動させ、暴走させるに至ったのか。その歴史的必然と条件とは何か。近代を方向づけたヨーロッパ文明なるものの根幹に迫る。

筑摩選書
0068

「魂」の思想史
近代の異端者とともに

酒井健

合理主義や功利主義に彩られた近代。時代の趨勢に反し、魂の声に魅き込まれた人々がいる。彼らの思索の跡は我々に何を語るのか。生の息吹に溢れる異色の思想史。

筑摩選書
0069

数学の想像力

正しさの深層に何があるのか

加藤文元

緻密で美しい論理を求めた哲学者、数学者たちは、真理の深淵を覗き見てしまった。彼らを戦慄させた正しさのパラドクスとは。数学の人間らしさとその可能性に迫る。

筑摩選書
0070

社会心理学講義

〈閉ざされた社会〉と〈開かれた社会〉

小坂井敏晶

社会心理学とはどのような学問なのか。本書では、社会を支える「同一性と変化」の原理を軸にこの学の発想と意義を伝える。人間理解への示唆に満ちた渾身の講義。

筑摩選書
0071

一神教の起源

旧約聖書の「神」はどこから来たのか

山我哲雄

ヤハウェのみを神とし、他の神を否定する唯一神観。この観念が、古代イスラエルにおいていかにして生じたのかを、信仰上の「革命」として鮮やかに描き出す。

筑摩選書
0072

愛国・革命・民主

日本史から世界を考える

三谷 博

近代世界に類を見ない大革命、明治維新はどうして可能だったのか。その歴史的経験から、時空を超える普遍的英知を探り、それを補助線に世界の「いま」を理解する。

筑摩選書
0073

世界恐慌(上)

経済を破綻させた4人の中央銀行総裁

L・アハメド

吉田利子 訳

財政再建か、景気刺激か――。1930年代、中央銀行総裁たちの決断が世界経済を奈落に突き落とした。彼らは何をし、いかに間違ったのか？ ピュリッツァー賞受賞作。

筑摩選書
0074

世界恐慌(下)

経済を破綻させた4人の中央銀行総裁

L・アハメド

吉田利子 訳

問題はデフレか、バブルか――。株価大暴落に始まった大恐慌はなぜあれほど苛酷になったか。グローバル経済黎明期の悲劇から今日の金融システムの根幹を問い直す。

筑摩選書
0076

民主主義のつくり方

宇野重規

民主主義への不信が募る現代日本。より身近で使い勝手のよいものへと転換するには何が必要なのか。〈プラグマティズム〉型民主主義に可能性を見出す希望の書！

筑摩選書
0080

書のスタイル　文のスタイル

石川九楊

日本語の構造と文体はいかにして成立したのか。東アジアのスタイルの原型である中国文体の変遷から日本固有の文体形成史をたどり、日本文化の根源を解き明かす。

筑摩選書
0081

生きているとはどういうことか

池田清彦

生物はしたたかで、案外いい加減。物理時間に載らない「生きもののルール」とは何か。発生、進化、免疫、性、老化と死といった生命現象から、生物の本質に迫る。

筑摩選書
0082

江戸の朱子学

土田健次郎

江戸時代において朱子学が果たした機能とは何だったのか。この学の骨格から近代化の問題まで、思想界に与えたインパクトを再検討し、従来的イメージを刷新する。

筑摩選書
0084

死と復活
「狂気の母」の図像から読むキリスト教

池上英洋

「狂気の母」という凄惨な図像に読み取れる死と再生の思想。それがなぜ育まれ、絵画、史料、聖書でどのように描かれたか、キリスト教文化の深層に迫る。

筑摩選書
0087

自由か、さもなくば幸福か？
二一世紀の〈あり得べき社会〉を問う

大屋雄裕

二〇世紀の苦闘と幻滅を経て、私たちの社会はどこへ向かおうとしているのか？　一九世紀以降の「統制のモード」の変容を追い、可能な未来像を描出した衝撃作！

筑摩選書
0089

漢字の成り立ち
『説文解字』から最先端の研究まで

落合淳思

正しい字源を探るための方法とは何か。『説文解字』から白川静までの字源研究を批判的に継承した上で到達した最先端の成果を平易に紹介する。新世代の入門書。

筑摩選書
0093

キリストの顔
イメージ人類学序説

水野千依

見てはならないとされる神の肖像は、なぜ、いかにして描かれえたか。キリストの顔をめぐるイメージの地層を掘り起こし、「聖なるもの」が生み出される過程に迫る。

筑摩選書
0095

境界の現象学
始原の海から流体の存在論へ

河野哲也

境界とは何を隔て、われわれに何を強いるのか。皮膚・家・国家——幾層もの境界を徹底的に問い直し、3・11後の世界の新しいつながり方を提示する、哲学の挑戦。

筑摩選書
0098

日本の思想とは何か
現存の倫理学

佐藤正英

日本に伝承されてきた言葉に根差した理知により、今・ここに現存している己れのよりよい究極の生のための地平を拓く。該博な知に裏打ちされた、著者渾身の論考。

筑摩選書
0100

吉本隆明の経済学

中沢新一

吉本隆明の思考には、独自の経済学の体系が存在する。これまでまとめられなかったその全体像を描くことによって、吉本思想の核心と資本主義の本質に迫る。

筑摩選書
0102

ノイマン・ゲーデル・チューリング

高橋昌一郎

20世紀最高の知性と呼ばれた天才たち。同時代を生きた三人はいかに関わり、何を成し遂げ、今日の世界に何を遺したか。彼ら自身の言葉からその思想の本質に迫る。

筑摩選書 0103

マルクスを読みなおす

徳川家広

世界的に貧富の差が広がり、再び注目を集める巨人・マルクス。だが実際、その理論に有効性はあるのか。歴史的視座の下、新たに思想家像を描き出す意欲作。

筑摩選書 0104

映画とは何か
フランス映画思想史

三浦哲哉

映画を見て感動するわれわれのまなざしとは何なのか。本書はフランス映画における〈自動性の美学〉にその答えを求める。映画の力を再発見させる画期的思想史。

筑摩選書 0105

昭和の迷走
「第二満州国」に憑かれて

多田井喜生

破局への分岐点となった華北進出は、陸軍の暴走と勝田主計の朝鮮銀行を軸にした通貨工作によって可能となった。「長城線を越えた」特異な時代を浮き彫りにする。

筑摩選書 0106

現象学という思考
〈自明なもの〉の知へ

田口茂

日常における〈自明なもの〉を精査し、我々の経験の構造を浮き彫りにする営為――現象学。その尽きせぬ魅力と射程を粘り強い思考とともに伝える新しい入門書。

筑摩選書 0107

日本語の科学が世界を変える

松尾義之

日本の科学・技術が卓抜した成果を上げている背景には「日本語での科学的思考」が寄与している。科学史の側面と数多の科学者の証言を手がかりに、この命題に迫る。

筑摩選書 0108

希望の思想 プラグマティズム入門

大賀祐樹

暫定的で可謬的な「正しさ」を肯定し、誰もが共生できる社会構想を切り拓くプラグマティズム。デューイ、ローティらの軌跡を辿り直し、現代的意義を明らかにする。